AF472943

PETITE HISTOIRE

DE PORTUGAL

PAR M. VAL. PARISOT

Professeur d'Histoire au Collége royal de Versailles

Prix : broché, 20 cent. ; cartonné, 25 cent.

A PARIS

CHEZ L. HACHETTE

LIBRAIRE DE L'UNIVERSITÉ ROYALE DE FRANCE

Rue Pierre-Sarrazin, nº 12

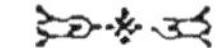

PETITE HISTOIRE
DE PORTUGAL

PAR

M. VAL. PARISOT

Professeur d'histoire au Collége royal de Versailles

PRIX : broché, 20 cent. ; cartonné, 25 cent.

Paris

CHEZ L. HACHETTE

LIBRAIRE DE L'UNIVERSITÉ ROYALE DE FRANCE

Rue Pierre-Sarrazin, 12

1841

TABLE DES CHAPITRES.

Paris. — Imprimerie PANCKOUCKE, rue des Poitevins, 14.

PETITE HISTOIRE

DE PORTUGAL

§ 1er. Préliminaires géographiques essentiels.

Les Portugais sont très-jaloux de leur existence comme nation, et ils détestent les Espagnols, leurs voisins, qui plus d'une fois ont voulu la leur ravir. La nature cependant ne semblait pas avoir créé ces deux peuples pour se haïr et pour vivre séparément : elle les a mis dans *une même région géographique* ou naturelle, la *Péninsule hispanique*, dont le *Portugal* et l'*Espagne* forment la totalité (si l'on en excepte la petite *république d'Andorre*, qu'on ne se donne pas la peine d'indiquer sur les cartes). Quand la Péninsule hispanique était coupée en une foule d'États, ou même quand elle en formait encore cinq (*Castille*, *Aragon*, *Navarre*, *Grenade*, *Portugal*), l'indépendance du dernier de ces royaumes n'avait en soi rien d'extraordinaire; mais depuis que les quatre premières monarchies n'en font plus qu'une, la place à part qu'occupe le Portugal semble une anomalie. A vrai dire, ce n'en est pas plus une que l'existence du *royaume de Belgique* à côté du *royaume de France*. Cette anomalie fut suspendue soixante ans (de 1580 à 1640), quand le roi d'Espagne Philippe II réunit la couronne de Portugal à toutes celles qu'il portait. Mais le Portugal fut tyrannisé si cruellement durant ces soixante années, que la *haine nationale des Portugais pour les Espagnols* redoubla, et que c'est à partir de cette époque que les deux peuples semblent irréconciliables.

Réuni momentanément par la pensée à la *Galice*, qui fait partie de l'Espagne, le Portugal est comme une *tranche de la Péninsule hispanique*, large de deux forts degrés (à peu près 45 lieues), et, *de toutes, la plus occidentale.* En longueur, ou, si l'on veut, en hauteur, il s'étend du 37e au 42e parallèle : c'est environ 132 lieues à vol d'oiseau ; en largeur, il va de 8° 2/3, de 9°, de 9° 1/2 de longitude ouest, à 11°, à 11° 1/2, à 11° 3/4. Le *cap Péniche,* son point extrême à l'ouest, est donc le plus occidental, non-seulement de la Péninsule hispanique, mais de toute l'Europe continentale : la *Grande-Bretagne* même s'avance moins à l'ouest, et l'*Irlande* seule fait un peu saillie au delà de ce douzième degré en deçà duquel gît le Portugal. Cette position avancée semblait devoir faire du Portugal le point de départ d'où l'on s'élancerait pour découvrir l'Amérique. Ainsi placé, le Portugal se trouve baigné de deux côtés (le sud et l'ouest) par l'*Atlantique* ; mais *au nord et au sud il n'a point de limites naturelles.* Le *Minho*, sur la frontière septentrionale, ne lui sert de bornes qu'onze ou douze lieues au plus ; puis viennent des terres ou des dos de montagnes qui ne forment point de chaîne nette et continue. A l'est, c'est pis encore : on trouve successivement pour démarcation le *Sabor*, et puis des terres ; le *Douro*, l'*Agueda*, le *Turon* et des terres ; l'*Herjaz*, le *Tage*, le *Sever* et des terres ; la *Gevera*, encore des terres ; puis la *Caya*, puis le *Guadiana*, qu'on quitte bientôt pour aller à travers champs jusqu'à la *Chanza*, laquelle ramène au Guadiana, que cette fois on suit jusqu'à ce qu'il se perde dans l'Océan. Des frontières si changeantes, si difficiles à suivre, sont très difficiles aussi à défendre et très-coûteuses à fortifier ; mais c'est un trait essentiel de la géographie politique du pays, et il faut le remarquer. De hautes et âpres montagnes, moins gigantesques pourtant que celles de l'Espagne, hérissent la surface des provinces septentrionales du pays, du côté de la frontière : la chaîne des *monts Cintra,* liée à celle de l'*Estrella,* se soutient à de grandes hauteurs jusque près de la mer, et circonscrit très-fortement au nord le bassin du bas Tage. Dans la partie méridionale, une autre chaîne sépare le *Guadiana* d'avec le *Zatas* et le *Salado,* et va s'unir aux *monts de l'Algarve.* Ces montagnes facilitent singulièrement la défense du pays; et celles du nord surtout sont propres à la guerre de guérillas. — Il faut remarquer aussi que des cinq grands fleuves de l'Espagne, trois ont le bas de leur cours en Portugal (le *Guadiana*, le *Douro,* le *Tage*). Cette circonstance serait d'un grand avantage au Portugal, si l'Espagne était industrieuse et commerçante : maître des embouchures des gros cours d'eau, le Portugal entraverait ou permettrait à son gré de ce côté l'importation et l'exportation des marchandises espagnoles ou adressées à l'Espagne.

Le Portugal se compose de six provinces, trois au nord et trois au sud. Les premières sont : le *Tra-Douro-e-Minho*, le *Tras-os-Montes,* côte à côte, au nord du Douro; le *Beira,* au sud de ce fleuve. Les secondes sont : l'*Algarve,* si on part de l'extrême sud; puis l'*Estremadure* et l'*Alemtejo,* que sépare une ligne oblique menée de façon à ce que l'Estremadure ait une longue étendue de côtes, tandis que l'Alemtejo en a très-peu. Estremadure et Alemtejo touchent le Beira, mais l'Alemtejo ne l'effleure que par un point : l'*Algarve,* au contraire, et les deux provinces au nord du Douro, sont les deux régions les plus éloignées du royaume. L'Algarve, large, mais très-aplatie, est avec le Tra-Douro-e-Minho, la moindre des six provinces; Tras-os-Montes les excède beaucoup; les trois autres sont chacune égales aux trois premières réunies. Comme position, l'Estremadure seule ne confine pas immédiatement à l'Espagne, Tras-os-Montes seul ne touche pas à la mer; en revanche l'Algarve l'a de deux côtés (à l'ouest et au sud). Cinq provinces donc peuvent être envahies du côté de l'Espagne, et une d'elles (Tras-os-Montes) peut l'être par le nord et le sud à la fois; cinq peuvent être abordées par des flottes : c'est dire aussi que cinq provinces peuvent envoyer ou voir partir de leur sein des flottes ou des armées. *Lisbonne*, chef-lieu de l'Estremadure, est aussi la capitale du Portugal entier; les autres provinces ont pour chef-lieux : Minho, *Braga;* Tras-os-Montes, *Bragance;* Beira, *Coimbre;* Alemtejo, *Evora;* Algarve, *Faro.* Pour les autres villes, on consultera les géographies spéciales et les cartes. Toutefois, nous mentionnerons encore *Porto*, jadis *Cale*, ou plus au long *Portus Cale*, parce que son nom est l'origine de celui de Portugal.

§ 2. Le Portugal avant qu'il ait eu son existence à part.

1. Temps très-anciens.

Il en est du Portugal comme de l'Espagne. Beaucoup de tribus, de hordes éparses, l'habitèrent, formant de petites communautés puissantes ou faibles, dominantes ou subjuguées tour à tour, et quelquefois changeant de séjour, soit dans l'espérance d'un climat plus doux, d'un sol plus riche, soit pour échapper aux armes, au joug d'un vainqueur. Mais tandis qu'en Espagne on distingue trois races, les *Ibères*, les *Celtes*, les *Pélasgues*, sans compter les étrangers, *Phéniciens* et *Grecs*, qui vinrent exploiter et civiliser le pays avant Carthage et Rome, en Portugal on ne reconnaît bien nettement que des Celtes : il est douteux que jamais les Ibères y aient eu des demeures; il est certain que les Pélasgues n'y ont point laissé leurs traces. Cependant les anciens prétendaient qu'*Ulysse*, pendant ses longs voyages involontaires après la ruine de Troie, avait été poussé par les vents à l'embouchure du Tage, et y avait fondé Lisbonne (Olusippo ou Ulyssipo). De nos jours, il est un bon nombre d'Espagnols qui croient que longtemps les Ibères, leurs ancêtres, possédèrent toute la Péninsule, mais qu'ensuite ils en cédèrent la portion occidentale à des émigrants celtes. Il serait au moins aussi plausible de dire que les Celtes, primitivement maîtres de la Péninsule, se sont retirés vers l'ouest devant les Ibères venus de l'orient, et dont la force supérieure les refoulait. Mais ces discussions ne peuvent qu'être indiquées ici. Un fait reste, c'est que la famille celtique dominait dans l'ouest, comme la famille ibérique dans l'est de l'Hispanie : le Portugal actuel était donc occupé par des peuples de sang celte, et il est possible que cette origine soit pour quelque chose dans l'antipathie des Portugais pour les Espagnols, bien que certainement il y ait en Espagne des provinces celtes (par exemple la *Galice*).

Des nations qui habitaient le Portugal au IIIe siècle avant J.-C., la plus fameuse était celle des *Lusitani*. Des traditions locales faisaient remonter ce peuple au héros *Lus*, dont le nom se retrouve dans *Lusipo* (ou *Olusippo*), bourg principal du pays. On a dérivé leur nom de *Luz-tan*, ce qui, dans les langues orientales, veut dire *contrée des Amandiers*. Cette étymologie ne vaut pas mieux que tant d'autres. Les Lusitani erraient sur l'une et l'autre rive du Tage. Bien que la fertilité de leur terroir dût les amener de bonne heure à la civilisation, on ne voit pas qu'ils s'y soient portés d'eux-mêmes. On ne sait s'ils s'occupaient de recueillir les paillettes d'or que roule le Tage. Ils étaient guerriers, féroces et superstitieux. N'avaient-ils point à combattre au dehors, ils se déchiraient entre eux. Leur épaisse chevelure leur donnait un air hideux. Ils offraient au dieu de la guerre des victimes humaines choisies parmi les prisonniers, et ils tiraient des augures de l'inspection de leurs entrailles. On a retrouvé chez eux beaucoup de monuments de la religion druidique, notamment des *dolmen*, ou tables de pierre brute élevées sur plusieurs autres debout et formant des espèces de cellules : les Portugais les nomment *antas*. Bien que peu commerçants, les Lusitani avaient des bateaux recouverts de cuir avec lesquels ils se risquaient le long des côtes. Leurs chevaux étaient renommés pour leur légèreté. Une des tribus des Lusitani, celle de Helva, semble avoir légué son nom à la ville d'Elvas, en Alemtejo.

Au sud des Lusitani habitaient les *Celtici*, qui confinaient aux *Turdetani* répandus à l'ouest et à l'est de l'*Anas* (Guadiana). C'est à l'extrémité orientale du pays des Celtici que commençait la chaîne des *monts Herminii* (*Arminha*), d'où sont parties peut-être beaucoup de colonies galliques qui ont peuplé l'Irlande. En effet il y a eu dans cette île une race royale des *Heremonii* et une ville de *Medebreagh*, dont le nom rappelle celui de *Medobriga*, dans le voisinage des Celtici. Pour les Turdetani, ils occupaient l'Algarve, plus une partie de l'*Andalousie*.

En remontant de l'autre côté du Tage, on rencontrait les *Pésurs*, très-peu connus (probablement dans les montagnes du *Haut-Beira*), quelques hordes très-sauvages ou *Barbari* au nord des monts de Cintra, les *Vieux-Turdules*, qui nous mènent jusqu'au bord du *Douro*, et dont le nom atteste une parenté avec les *Turdules du sud* ou *Turdules de la Bétique* (Andalousie des modernes) ; enfin la grande nation des *Callaïcs*, non moins forte et tout aussi grossière que celle des Lusitani. Mais comme les Turdetani au sud, les Callaïcs au nord appartiennent à l'Espagne, autant au moins qu'au Portugal : la surface qu'ils occupaient est représentée par Tra-Douro-e-Minho et Tras-os-Montes d'une part, de l'autre par la Galice ; et aujourd'hui encore on parle dans ces trois provinces un même dialecte que l'on appelle le *gallego*. Le mot même de *Callaïcs* rappelle trop évidemment les *Galls*, *Gaëls* ou *Gaulois*, principale subdivision de la *famille celtique*, pour qu'on insiste sur ce rapport. *Calle* était le chef-lieu des Callaïcs. Une des peuplades les moins obscures des Callaïcs c'étaient les *Braccares*, qui donnèrent leur nom à *Braccara* (aujourd'hui *Braga*) : celle-ci était exclusivement en Portugal. Les Grecs plaçaient aussi des colonies grecques au pays des Callaïcs, entre autres *Tyde* (*Tuy*), fondée par *Diomède*. Ces récits sont tous de même force que la construction de Lisbonne par Ulysse.

2. Sous les Romains.

Jusqu'au temps des guerres de *Carthage* et de *Rome*, le Portugal ne connut point de domination étrangère : tout au plus les Phéniciens, dans leurs navigations lointaines, mouillèrent-ils dans quelque port désert de ses côtes et firent-ils un trafic passager avec ses peuples. Il est même très-douteux qu'*Amilcar*, de 238 à 229 avant J.-C., ait eu affaire aux Celtici, et qu'*Annibal*, dans sa mémorable campagne de 221, ait entamé les frontières des Callaïcs, bien que l'impossibilité des deux faits ne soit pas démontrée. On ne voit pas non plus les armes romaines pénétrer en Portugal pendant la deuxième guerre punique ; peut-être pourtant la politique déliée du *Grand Scipion* eut-elle l'art de nouer quelque relation entre les peuplades de ce pays et Rome, bien qu'on n'en sache rien. Mais dès la deuxième série de guerres entre les Romains et l'*Hispanie*, attaquées ou attaquant, elles participèrent à la lutte. Les Lusitani, accompagnés sans doute de hordes voisines, se jetèrent sur la Bétique, en ce moment soumise à Rome : le propréteur *Scipion Nasica* en tua 12,000 à la bataille d'*Ilipa* qui fut suivie de la prise d'une cinquantaine de bourgades tant sur eux que sur leurs alliés (193). L'année suivante, coalisés avec les *Vettons*, les *Celtibères*, les *Vaccæi*, ils furent battus à *Tolète* (*Tolède*) par *Fulvius Nobilior*, reprirent pourtant les armes en 190 et débutèrent par une victoire sur *Paul-Emile*, aux environs de *Lycon*, chez les *Bastitani*, mais furent taillés en pièces en 189 par ce même général; en 187, sous les murs d'*Asta*, par *Atinius;* en 185, à une *deuxième bataille de Tolède*, par *Calpurnius* et *Quintius*, et enfin en 179 ou 178, par *Posthumius*. Dans tous ces combats, les Lusitani agissaient de concert avec leurs voisins, bien que momentanément les uns ou les autres fissent trêve pour reprendre haleine. Tant d'échecs enfin abattirent leur courage : l'illustre *Sempronius Gracchus* n'eut plus de peine à leur faire souscrire son *traité de Gracchuris* (177) qui, en interdisant à tous les peuples soumis au *protectorat de Rome* le droit de porter les armes les uns contre les autres, les assujettissait à payer un tribut et à fournir un contingent de troupes. Dès ce moment les Lusitani et leurs voisins du sud furent considérés comme appartenant à l'*Ultérieure*, une des deux provinces que les Romains avaient établies en Hispanie et qu'ils comptaient agrandir jusqu'à ce que la Péninsule entière y fût comprise.

On sait quelle oppression les Romains faisaient peser sur les peuples conquis; les Lusitani étaient trop fiers pour y rester longtemps soumis. Carthage d'ailleurs, qui vers ce temps préparait la troisième guerre punique, les excita secrètement et leur envoya un chef dont l'histoire tait le nom. Ce chef battit le préteur *Calpurnius* et une légion, et soudain sur tous les points de l'Hispanie éclata la révolte : les Vettons se liguèrent derechef avec leurs voisins les Lusitani. Mais malheureusement *le Carthaginois* périt : *Mummius*, après avoir subi un échec, battit deux fois les Lusitani; *Atilius* son successeur prit *Oxtracas*, et une partie des deux peuples fit la paix (152). Mais à peine les Romains furent-ils dans leurs quartiers d'hiver qu'ils revinrent en armes, taillèrent en pièces 9,000 ennemis et bloquèrent dans Carmelis le consul *Galba*. Ce dernier alors leur offrit un traité avantageux, leur assigna des terres meilleures, leur fit ainsi poser les armes et les éparpilla dans trois cantons, puis tombant sur eux à l'improviste, en égorgea 30,000 (151).

Cette perfidie, qu'imitait au même instant *Lucullus* en *Celtibérie*, exaspéra les Lusitani. Un de leurs concitoyens, *Viriath*, jadis berger, ensuite bandit ou chef d'aventuriers, se mit à leur tête. Hardi, prudent, infatigable, simple de manières et de langage, rusé, pénétrant, heureux dans toutes ses entreprises, juste dans la distribution du butin, il réunit successivement autour de lui des masses nombreuses. Mais quand il commença il n'avait qu'un faible corps, et d'autres bandes couraient le pays avec la sienne. Traqué comme elles par le préteur *Vétilius*, près de *Tribola*, il les sauva d'un pas périlleux, et dès lors devint de fait leur chef à toutes (149). Deux fois encore la même année il bat Vétilius, écrase trois préteurs (*Plautius*, *Unimanus*, *Nigidius*) en 148, 147 et 146, défait en 145 le lieutenant du consul *Fabius* Emilien, et, obligé de céder le champ de bataille une fois à Fabius Emilien, qui vient en personne le combattre (144), il prend sa revanche sur Fabius *Servilien*, qu'il met en fuite à *Ituque* (143), puis le force à signer la capitulation d'*Erisane* (142), portant qu'il y aura *paix entre les Romains et Viriath*. Ces triomphes des Lusitani tenaient en partie à la résistance que d'autres peuples d'Hispanie opposaient à l'ambition de Rome. Viriath était l'allié de ces derniers, parmi lesquels se distinguaient les Celtibères et *Numance*. Mais il ne se félicita pas longtemps d'avoir sauvé sa patrie : tandis que les bandes de Viriath se dispersaient et que le consul *Cépion* se faisait livrer des chefs illustres à titre d'otages, le sénat cassa le traité d'Erisane (141) et Cépion trouva deux traîtres qui assassinèrent le héros dans sa tente (140). Beaucoup de ses soldats se soumirent alors et reçurent des terres bien loin, ce qui revenait à les déporter en masse (139). D'autres s'obstinèrent à la guerre, mais cédèrent peu à peu le terrain (137), devant la prudente intrépidité de *Brutus* qui, maître enfin du pays des Lusitani, poussa au nord, soumit les Pésurs, les Barbari, les Callaïcs, et n'arrêtant ses armes qu'aux points où la mer limite l'Espagne et l'Europe, reçut le surnom de *Callaïque*.

Les Lusitani ne relevèrent la tête qu'aux temps de *Sertorius*. Réduit à fuir et Rome et la côte espagnole, et à vivre de la vie de pirate, cet adhérent de *Marius* put prendre terre enfin chez les Lusitani, qui, dit-on, l'y invitèrent, et qui furent les premiers à grossir la mince escorte avec laquelle il revenait : ils respirèrent sous ce chef aussi équitable que brave, mais ils ne recouvrèrent point l'indépendance (79-70). Longtemps après, ils firent un dernier effort afin de la reconquérir; ils s'unirent aux *Cantabres* armés contre les Romains, 25 av. J.-C. : ils furent vaincus, leur soumission fut définitive, et compléta l'asservissement de la Péninsule.

Rome alors avait cessé d'être république : *Auguste*, maître de plus de moitié des territoires sujets à l'empire, changea l'ancienne division de l'Hispanie qu'il coupa en trois provinces : *Bétique* au sud ; *Tarraconaise* au nord, à l'est et au nord-ouest ; *Lusitanie*, à l'ouest jusque près du centre. Cette Lusitanie donc embrassait plus que le pays des Lusitani : les Celtici, les Vettons, les Barbari, les Pésurs y étaient compris. Elle embrassait même plus que le Portugal à l'est; mais, comme tous les Callaïcs en étaient exclus au nord, sa surface était moins vaste. Au IVe siècle on fit de la Tarraconaise trois provinces (*Tarr.*, *Carthaginaise*, *Gallécie*), ce qui, en tout, en donnait cinq pour l'Hispanie : les limites de la Lusitanie ne varièrent pas. Son chef-lieu resta le même, *Emerita Augusta* (auj. *Mérida*), ville de création romaine; et constamment elle fut subdivisée en trois ressorts juridiques ayant pour centre les villes d'Emerita, *Pax Julia* (*Beja*), *Scalabis* (*Santarem*). Tant qu'on distingua des *provinces du sénat* et des *provinces de l'empereur*, la Lusitanie fut de la seconde catégorie, et conséquemment mieux administrée en général. On compte, parmi ses gouverneurs, le fameux *Othon*, un des trois empereurs qui passèrent si rapidement sur le trône impérial de Rome après la mort de *Néron*.

La domination romaine, toute dure et tout avare qu'elle fût, rendit des services inappréciables à la Lusitanie : elle lui donna des villes, des richesses, de la civilisation; elle y développa l'agriculture, le commerce; elle la changea totalement de face. La Bétique, la Tarraconaise avaient été colonisées en partie par les Phéniciens et les Grecs, avant que Rome y imprimât ses pas; mais en Lusitanie, tout était barbare et indigène. C'est aussi pendant la période romaine que le christianisme s'introduisit en Portugal.

3. De 409 à 1098.

Période germaine (409-711). En 409, trois peuples barbares du nord, les *Alains*, les *Vandales*, les *Suèves*, après avoir dévasté trois ans la Gaule, franchirent les *Pyrénées*, mirent la Péninsule à feu et à sang, et en conquirent trois provinces : la Bétique qui fut le lot des Vandales *Silinges*, la Lusitanie que gardèrent les Alains, la Gallécie aux autres Vandales et aux Suèves. Mais bientôt les *Visigoths*, établis en Tarraconaise septentrionale, attaquèrent Alains et Silinges, et les écrasèrent à Tarifa (416); les Suèves, qui un instant avaient fait cause commune avec leurs ennemis, recueillirent leurs débris : Alains et Vandales se fondirent ensemble, et bientôt le nom des premiers disparut; ils n'avaient eu que deux rois en Hispanie, *Respendial* et *Atax*. Bientôt le roi des Vandales *Gundrik* et le roi suève *Hermanrick* entrèrent en guerre. Hermanrik se vit à deux doigts de sa perte; mais, inexpugnable dans les *monts Arvas*, il finit par reprendre l'offensive et par chasser les Vandales, qui se rabattirent sur la Bétique, et qui bientôt, sous Genséric, quittèrent l'Espagne pour fonder un nouvel empire en Afrique (429). Les Suèves alors se cantonnèrent fortement en Gallécie et y érigèrent un royaume véritable. *Réchila* l'étendit par ses conquêtes, et y joignit la Lusitanie (438-448). Son successeur, *Réchiar*, alla plus loin encore; soumit la Bétique et la Carthaginaise presque entières, prit *Ilerda*, *Saragosse*, *Tarragone* : le royaume des Suèves semblait à la veille d'embrasser toute la Péninsule. *Théodoric Ier*, roi des Visigoths, mit une digue à ce torrent, et, s'alliant aux Romains, força Réchiar à une paix qui lui laissait encore beaucoup (452). Mais Réchiar ne tarda pas à renouveler la guerre (455); et sa mort, à la bataille de l'Orbiga, fit rétrograder les Suèves, qui furent réduits à la Gallécie. Le Visigoth *Euric* profita plus que les Romains de leurs dépouilles, et finit par avoir la plus grande partie de la Lusitanie : des guerres civiles, entre les compétiteurs au trône, *Maldran* et *Frattan*, *Framar* et *Rémismond*, facilitaient les progrès du peuple rival. Vainqueur de Framar, Rémismond prit *Coimbre*, Lisbonne et quelques autres places; mais ne put garder que *Coriacum*. Presque tout ce qui compose le Portugal appartenait donc à la monarchie des Visigoths. Les Suèves n'avaient guère que les provinces actuelles de Tra-Douro-e-Minho et de Tras-os-Montes avec la Galice (qui est le nord de l'ancienne Gallécie) : l'histoire se tait complétement sur leur compte, de 470 à 561, à tel point qu'on ne sait pas même les noms de leurs princes. En 561, THÉODMIR Ier, leur roi, se fit catholique, et son peuple, jusque-là voué à l'arianisme, imita son exemple. *Théodmir II*, qui lui succéda (570-582), soutint la révolte d'*Ermenegild* contre l'arien *Leuvigild* son père, révolte causée en partie par l'extrême rigueur de Leuvigild contre les orthodoxes : Leuvigild triompha de son fils, et ensuite, menaçant les Suèves, soumit Théodmir au tribut. L'indépendance nominale, dont jouirent encore les Suèves, ne dura que trois ans. EURIC, après la mort de Théodmir II, fut supplanté par ANDECA; ces troubles mirent Leuvigild à même d'entrer en Gallécie, Andeca fut exilé à *Beja*, et le *royaume des Suèves réuni à celui des Visigoths* (585), qui comprenait toute l'Hispanie, sauf la Cantabrie et quelques cantons tenus par les Grecs. Le Portugal, depuis ce moment jusqu'au renversement des Visigoths, n'a *plus d'histoire particulière*. On trouvera dans notre PETITE HISTOIRE D'ESPAGNE les noms des rois et les faits marquants de ces 125 ans.

Période arabe (711-1095). Il en est de même pour presque toute la période arabe. Ainsi que l'Espagne proprement dite, les régions qui aujourd'hui sont le Portugal, furent rapidement soumises au joug arabe (712 et années suivantes), devinrent *partie du khalifat de Cordoue* en 756, puis, par l'insouciance des khalifes, virent leur partie septentrionale grossir le petit *royaume* goth *des Asturies*, *d'Oviédo* ou *de Léon* qui comprenait aussi la Galice. En général, à partir du règne d'*Alfonse Ier* (*le Catholique*) (739-757), la région entre le Minho et le Douro n'appartint plus au khalifat de Cordoue. Au sud du Douro, les rois d'Oviédo firent des acquisitions momentanées et précaires, le pays était en quelque sorte une *marche*, un terrain neutre et contesté où l'on se livrait perpétuellement bataille, et où les places peu nombreuses étaient vingt fois prises et reprises. Dès 798, *Alfonse II* fit des courses jusqu'à Lisbonne. En 870, *Alfonse III*, traversant le Douro, peupla de chrétiens les trois villes de *Lamégo*, de *Viseu*, de Coimbre (qui sont les principales du Beira). *Bermude II*, fils de son arrière-petit-fils, eut la douleur de voir le dernier héros des Arabes, le célèbre *Al-Mansour*, toujours en course, toujours en armes, à l'ouest comme à l'est de la Péninsule, reprendre ces villes péniblement conquises, et faire, de tout son royaume, un monceau de ruines. Heureusement les Arabes, qui poussaient la guerre en Afrique en même temps qu'en Espagne, s'épuisaient par leurs victoires mêmes : les rois de *Cas-*

tille et de *Navarre* formèrent une ligue avec *Bermude*, et Al-Mansour périt blessé mortellement à la grande journée de *Calat-Anoçor* (999). Alfonse V (999-1027) put s'occuper de relever ses villes en cendre; les Arabes, en proie aux guerres civiles, lui en laissèrent le loisir : le khalifat était démembré; les ambitieux s'y taillaient des royaumes (1009-1031), et, parmi ces royaumes, se distinguaient ceux de *Mérida*, de *Badajoz*, de *Béja*, d'*Evora*, de *Lisbonne*, d'*Al-Gharba* ou *Algarves*, tous six dans l'ancienne province de Mérida ou Lusitanie, à l'exception du dernier, qui était situé à l'ouest et à l'est du Guadiana. Ce morcellement préparait la formation du Portugal : les deux royaumes orientaux, Mérida, Badajoz, devaient un jour accroître le royaume de Léon; les quatre occidentaux pouvaient s'unir en un seul et s'augmenter de la contrée comprise entre eux et le Minho. Mais il se passa bien des événements avant qu'on en vînt là. D'abord le fils d'Alfonse V, *Bermude III*, perdit la vie à la bataille de *Carrion* (1038), et, en lui, s'éteignit la dynastie d'Oviédo. Le roi de Castille *Ferdinand Ier*, son beau-frère, lui succéda, et forma ainsi le beau *royaume de Léon et Castille*, qu'il augmenta de Lamégo et de Viseu en 1044; de Coimbre, en 1045; en un mot, du Beira septentrional, plus d'une fois déjà conquis et perdu, et qu'après sa mort, en 1065, il partagea en trois : Castille, Léon, Galice. *Alfonse VI*, en 1072, réunit derechef les trois couronnes; et, dépouillant *Iaïé* du royaume de Tolède et de la *Nouvelle-Castille*, soumettant au tribut les rois de Badajoz et de *Séville*, franchissant à l'ouest les monts de Cintra, et menaçant Lisbonne même par le *siége de Santarem*, il provoqua contre les chrétiens d'Espagne la *ligue des Arabes et des Maures* : la dynastie la plus puissante chez ceux-ci était celle des *Morabeth* ou *Almoravides*. *Iouçouf ben Tachfin*, leur roi, vint à la voix de *Mohamed Almotamed* de Séville pour relever l'*islamisme*, et il débuta effectivement par la brillante *victoire de Zalacca* (1086), qui fit reculer Alfonse. Mais le pauvre Almotamed, tomba bientôt sous les coups de son libérateur Almoravide (1087-1095), qui le détrôna, puis s'avança victorieux contre les petits rois d'Algarve, de Béja, d'Evora, et sembla se disposer à recomposer, de ces membres épars, un nouveau khalifat.

§ 3. Commencement de l'histoire particulière de Portugal : 1re partie de la maison de Bourgogne : le comte Henri et Alfonse Henriquez (1090-1185).

Les croisades n'avaient point commencé encore; mais la guerre éternelle dont alors l'Espagne était le théâtre, cette guerre entre les chrétiens et les musulmans qui, commencée en 718, n'avait été que rarement interrompue, avait vraiment les caractères d'une croisade. De tous les pays voisins, des chevaliers venaient à cette joute, les uns curieux de voyages et d'aventures tout simplement, les autres, visant à quelque chose de plus solide et rêvant de bonnes terres, de bons et beaux châteaux seigneuriaux, de bonnes couronnes féodales : ils ne se trompèrent pas tous dans leur espoir. Alfonse VI avait beaucoup de ces chevaliers à sa cour. Les plus remarquables étaient *Raimond de Bourgogne*, fils du duc alors régnant de Bourgogne, et *Henri de Bourgogne*, leur cousin, issu comme eux de *Hugues Capet*, au quatrième degré. Tandis qu'il cherchait à se débarrasser des autres Français, ses turbulents auxiliaires, il retint ceux-ci, les fit tous deux ses gendres, et leur ouvrit une perspective selon leurs vœux. Raimond, époux d'*Urraque*, l'aînée des filles du Castillan, eût succédé à son beau-père, s'il ne l'eût précédé au tombeau, et *Alfonse VIII*, dit aussi *Alfonse-Raimond*, leur fils, devint la tige de la *nouvelle maison de Castille*, qui ne s'éteignit qu'en 1504, dans la personne d'*Isabelle Ire*. Avec la main de *Thérèse*, sa cadette, Henri obtint le *comté de Porto*

Cale, fief de la couronne de Galice. Ce comté se composait alors des deux provinces au nord du Douro, du Beira, moins sa portion sud-est, et de quelques districts entre le *Mondego* et les monts de Cintra. C'était à lui d'augmenter son comté aux dépens des infidèles. Il est clair qu'en l'investissant du comté, Alfonse VI ne prétendait pas en abandonner la suzeraineté : tout au plus eût-il admis que les acquisitions nouvelles faites par l'épée ne relèveraient pas de sa couronne ; encore de telles conventions n'étaient-elles point dans l'esprit de la féodalité dominante alors. Henri et sa postérité devaient donc être vassaux de la future reine de Castille *Urraque* et des rois ses descendants.

On suppose que le mariage d'Henri de Bourgogne et de Thérèse eut lieu en 1090. Il établit des évêques à Porto, à Lamégo, à Viseu, à Coimbre, un archevèque à Braga. *Guimaraens*, au sud de cette ville, était sa résidence : c'est de là que fréquemment il dirigeait des incursions sur les Maures. Il fut présent à dix-sept batailles. Vers 1105, il conclut un pacte secret avec Raimond, lui garantissant la couronne de Castille aux dépens du fils unique, alors vivant, d'Alfonse VI, à condition que Raimond lui céderait la Galice et le royaume de Tolède. Puis, quand Raimond et le prince royal eurent expiré, en 1108, avant Alfonse VI, qui les suivit de près, il profita des embarras d'Urraque, en querelle avec son second époux, *Alfonse VII*, se fit promettre beaucoup par cette princesse, mais mourut, en 1112, en faisant pour elle le siége d'Astorga, avant de l'avoir rétablie dans l'exercice de ses droits, et d'avoir vu réaliser leurs conditions.

Son fils, *Alfonse Henriquez*, n'avait que deux ans. Thérèse, sa mère, se chargea du gouvernement, et prit le titre équivoque de reine, qui ne signifiait peut-être que fille de roi. Urraque lui déclara la guerre, en 1121, et envahit le Portugal ; mais, abandonnée de ses soldats, elle fut contrainte à céder, pour obtenir la paix, *Toro*, *Avila*, *Zamora*. Thérèse, ensuite, se remaria (1126). Ses hauteurs, et plus encore celles de la famille de *Paez*, son nouvel époux, lassèrent les grands et Alfonse lui-même, qui, guidé par *Egaz Muniz*, son gouverneur, défit les troupes de sa mère à *San Mamède* (1128), puis, *Alfonse VIII*, de Castille, son cousin, à *Valdeves* (1130). Ce dernier venait délivrer Thérèse captive, ou plutôt faire reconnaître sa suzeraineté. Son insuccès ne le découragea point : il revint, et cette fois le roi Alfonse força le comte Alfonse, enfermé dans Guimaraens, à signer un traité qui, probablement, reconnaissait la vassalité du Portugal. A peine libre, Alfonse, dit-on, refusa de le ratifier. Une grande idée le travaillait sans cesse; c'était d'échapper à la Castille. Il en entretenait ses amis, ses soldats; ses faits d'armes parlèrent encore plus haut en sa faveur. Enfin, à la veille de livrer bataille à cinq petits rois maures ligués ensemble, il croit voir saint Pierre, sous la forme d'un pêcheur, lui prophétiser que son armée va le saluer du nom de roi et lui donner l'ordre d'accepter. Ses soldats, avant d'aller à l'ennemi, le proclament, le couronnent de feuillage (1139), et remportent la *victoire décisive d'Ourique*, où 400,000 infidèles fuient, dit la légende, devant 13,000 chrétiens, et où les cinq rois restent sur le champ de bataille.

En vain Alfonse de Castille veut appeler, les armes en main, de la décision des Portugais. Plus profond, Alfonse Ier fait *hommage* de sa couronne *à saint Pierre et au pape Innocent II*, qui, dès lors son suzerain nominal, accepte ses quatre onces d'or annuelles à perpétuité (1142); puis, convoquant solennellement le haut clergé, la noblesse et les représentants des seize villes du royaume, il fait poser, par cette assemblée dite des *cortès de Lamégo*, une loi fondamendale qui, en déclarant la couronne de Portugal à jamais indépendante, garantit la royauté à sa postérité, sauf la nécessité, pour le neveu, de se faire élire, et pour la fille de n'épouser qu'un Portugais (1143).

Cependant il y avait encore des Maures puissants. Alfonse reprit l'œuvre de la conquête; il s'empara de Santarem; il mit le siége devant la grande Lisbonne, où s'agitaient 200,000 âmes. Les infidèles firent une résistance opiniâtre; pour en triompher, il fallait les assaillir par terre et par mer. Une flotte de *croisés flamands*, sous les comtes *Arnoulf d'Arschot* et *Galeran de Meulan*, survint à propos (1147). Lisbonne fut prise, le royaume de Lisbonne détruit, et à la partie d'Alemtejo acquise à la journée d'Ourique, Alfonse joignit les deux tiers de l'Estremadure. Son nom devint un des plus célèbres de la chrétienté; les aventuriers, les chevaliers affluèrent à sa cour. C'est alors que, pour consolider ses acquisitions, il fonda l'*ordre de chevalerie d'Aviz*, connu d'abord sous le nom de *nouvelle milice* (1161). *Alfonse VIII*, *Sanche III*, *Ferdinand II*, venaient de fonder, en Castille, les *ordres d'Alcantara*, *de Calatrava*, *de Saint-Jacques de Compostelle*. Les domaines, les priviléges que le roi de Portugal assignait au sien, en firent bientôt un des plus considérés de la chrétienté. Celui de l'*ordre de Saint-Michel*, qu'il institua cinq ans après, eut moins d'éclat, et cessa de bonne heure faute de revenus. L'un et l'autre lui rendirent de grands services, quand l'almohade *Iouçouf-Abou-Iakoub* (car depuis 1144 les *Almohades* remplaçaient les Almoravides dans la Péninsule), envahit le Portugal, prit *Torres-Novas*, et assiégea Santarem (1173). Alfonse lui fit lâcher prise; mais Iouçouf reparut en 1186, et il s'acharnait de nouveau contre Santarem, quand sa mort délivra la ville.

Alfonse avait eu, dans l'intervalle, une guerre dangereuse à soutenir contre son voisin le roi de Léon *Ferdinand II*. Quoique ce monarque fût son gendre, il semblait menacer le Portugal. Alfonse le vit de mauvais œil construire une forteresse à *Ciudad-Rodrigo*. Il envoya son fils *Sanche* attaquer la Galice, et mit lui-même le siége devant Badajoz, capitale d'un roi arabe tributaire de Léon. Il n'y gagna qu'une fracture à la jambe et la captivité (1167). Fort heureusement, c'est de Ferdinand qu'il était prisonnier; et ce roi, plein de modération, se contenta, pour relâcher son beau père, de recouvrer les places prises par Sanche en Galice.

Alfonse Ier mourut en 1185, âgé de soixante-quinze ans. Il avait créé un royaume, il avait au moins doublé ses possessions, et il les laissait plus assurées contre les événements que son prédécesseur : grand à la guerre, il s'était montré habile à l'intérieur, avait déjoué les complots de sa mère, conquis l'amour des grands, du peuple et surtout du clergé, donné des lois, organisé des institutions. Son nom est encore en vénération en Portugal où on l'appelle *le Conquérant, le Fondateur, le Grand* et même *le Saint* : sa fête se célèbre dans *Alcobaça*. Il est certain que, comparé aux monarques ses successeurs, il reste au premier rang avec *Jean d'Aviz* et *Jean le Parfait*.

§ 4. Deuxième période de la branche aînée de la maison de Bourgogne : 4 souverains, 94 ans (1185-1279).

Les quatre rois qui vont se succéder sur le trône ont deux caractères communs : par leurs guerres avec les Maures, ils complètent le territoire portugais, que les progrès analogues des rois de Castille et d'Aragon empêcheront désormais de s'étendre dans la péninsule; de malheureux débats avec l'Église affaiblissent le ressort du pouvoir et usent en pure perte l'énergie nationale.

1185 — 1211. Sanche Ier, qui eut le malheur de voir la peste et la famine décimer ses sujets, mérita le beau surnom d'*El Poplador* (celui qui repeuple), par les soins judicieux qu'il mit à faire refleurir l'agriculture, par les secours qu'il prodigua aux victimes survivantes de tant de désastres, par les exemptions et priviléges qui encouragèrent à rebâtir et à revenir habiter les lieux déserts. Aidé des ordres militaires et d'une flotte de *croisés frisons* et *danois*, il prit aux Maures en 1139 *Silves* en Algarve; diverses places de l'Alemtejo, entre autres *Elvas* (1203) tombèrent ensuite en ses mains. *Iakoub*, le troisième des Almohades, fut son antagoniste. De riches dons aux ordres chevaleresques témoignèrent de la reconnaissance de Sanche : les *Templiers* eurent *Idanha, St.-Jacques, Alcaçar do Sal* et *Almada*; la milice d'Aviz *Alpedriz* et *Jurumenha*. Moindre fut sa libéralité à l'égard du clergé. Il fallut même qu'en 1198 Innocent III lui demandât dix-huit années du tribut de quatre onces d'or, encore Sanche contesta-t-il la réalité de la dette. Plus tard il se prit de querelle avec l'évêque de Porto pour avoir célébré le mariage de son fils avec la fille d'*Alfonse IX*, sa parente à degré prohibé, le jeta en prison et confisqua ses biens; l'évêque parvint à s'évader, mit son diocèse en interdit, et, soutenu par le St.-Siége, il réduisit le souverain à lui donner pleine satisfaction sur tous les points. Plus hardi encore, l'évêque de Coimbre, en une autre occasion, lança sur Sanche les censures ecclésiastiques, et le roi mourant dut faire pénitence et dicter un testament très-libéral en faveur du clergé, pour obtenir que l'archevêque de Braga le relevât des censures.

1211—1223. ALFONSE II, *le Gros*, eut comme son père de graves différends avec le clergé, que la munificence d'Henri et d'Alfonse avait doté trop richement, pour qu'il ne portât pas un peu loin le sentiment de ses forces. Le pape même en donna l'exemple. Trois sœurs du roi réclamaient les apanages que leur fixait le testament de Sanche Ier. Alfonse, mu par une sage politique, ne voulait les leur donner qu'à usufruit et leur vie durant. Le pontife, à l'arbitrage duquel on s'en remit, donna raison aux infantes, et bientôt excommunia le roi, ce qui ne l'empêcha pas de résister, si bien qu'un pacte en 1216 laissa au roi la souveraineté de *Montemayor* et d'*Alemquer*, et que les revenus seuls furent alloués aux princesses. Délié de cette excommunication, Alfonse II ne tarda point à s'attirer les censures ecclésiastiques de l'archevêque de Braga, en prétendant assujettir à l'impôt des terres qui appartenaient à cette église et que le prélat proclamait franches de tout droit. Alfonse, plein de droiture et d'équité, ne pouvait admettre dans toute sa latitude le système de l'archevêque. Déjà, sa rigide justice, son impartialité avaient déplu. Les vingt-cinq lois votées sous lui aux cortès de Lamégo feraient honneur au siècle le plus éclairé. L'une condamnait à payer une indemnité à l'innocent quiconque intentait un procès injuste; l'autre enjoignait sévèrement de ne juger que conformément à la loi; par une troisième, les sentences de mort n'étaient exécutives qu'au bout de vingt jours; enfin, il était permis d'appeler des tribunaux ecclésiastiques à la justice civile. Tout le corps des juges et du clergé criait anathème à ces lois : les nobles seuls aimaient Alfonse et le secondèrent vaillamment à la guerre : Alcaçar do Sal avait été perdu, l'on ne sait quand; il l'assiégea secondé par une flotte de croisés sous Guillaume de Hollande, défit 50,000 hommes commandés par quatre rois arabes, et reconquit la place.

1223 — 1248. SANCHE II, *Capel,* son successeur, inaugura son règne en faisant lever les censures qui pesaient sur la tombe de son père; mais lui-même il devait encore plus qu'Alfonse souffrir de cet abus. Ses victoires sur les Maures, auxquels il prit, indépendamment d'Elvas, conquis pour la première fois en 1203, *Serpa*, *Tavira*, etc., et qui furent dues, il faut l'avouer, à l'habileté supérieure de son général, *don Pelage Correa*, plus tard grand-maître de l'ordre de Compostelle, n'adoucirent point ses ennemis. Il eut d'abord sur les bras les infantes, ses tantes, qui ressuscitèrent l'affaire des apanages, et qui réussirent alors à se faire adjuger, sur l'arbitrage de trois prélats, Montemayor, Alemquer, *Esgueira,* qui après leur mort devaient revenir à la couronne. Revenant ensuite au système de son père, il tenta de soumettre aux charges communes de l'Etat les vassaux ecclésiastiques et à restreindre la juridiction des évêques. Ceux-ci formèrent contre lui un parti puissant auquel se joignit son oncle *Ferdinand :* les injustices et l'avidité de *dona Mencia* sa femme achevèrent d'aigrir les esprits : les cortès, ordinairement si fidèles, se coalisèrent avec les mécontents, disons plutôt avec les rebelles : pour comble de maux, Corréa, élu grand-maître de Saint-Jacques, venait de quitter le service de Sanche, (1242). Une députation où figuraient les évêques de Coimbre et de Porto, plus l'archevêque de Braga, pria le pape *Innocent IV,* alors à Lyon, où il se préparait à prononcer la destitution de l'empereur Frédéric II, de déposer aussi le roi Sanche II, et de nommer Alfonse, son frère, régent du royaume de Portugal (1245). Le pontife se rendit à leur vœu et délia provisoirement les sujets de leur serment de fidélité, sans toutefois décréter formellement la déchéance. Sanche abandonné s'enfuit en Castille, près de Ferdinand III, qui arma pour sa défense, tandis que quelques villes, entre autres Coimbre, tenaient encore pour lui : il implora la justice du pape, qui, craignant enfin d'avoir été trompé, envoya un commissaire en Portugal pour examiner les faits, et qui peut-être allait le rétablir, lorsqu'il expira en 1248. Un heureux hasard voulut qu'il ne laissât pas d'enfants, ce qui coupait court à toute chance de guerre civile pour la succession.

1248-1279. Alfonse III, qui gouvernait depuis trois ans avec le titre de régent, fut couronné sans difficulté. Son règne est célèbre par la conquête des Algarves, tant à l'est qu'à l'ouest du Guadiana. *Faro,* en 1249, puis Silves, qui avait été perdu, puis enfin les villes d'*Alconcher, Aracena, Serpa, Moura, Ayamonte,* en 1251, ouvrirent leurs portes à ses troupes; et enfin, en 1253, il attaqua *Niebla,* dernière ville d'*Aben Afen* à l'orient. Ce roi des Algarves était vassal de la Castille : il appela son suzerain au secours. Alfonse X vint et repoussa les Portugais jusqu'au Guadiana. De là le traité de 1254, en vertu duquel les Algarves furent divisées en deux parties, l'une portugaise, l'autre espagnole, séparées par le fleuve. L'Algarve espagnole a perdu son nom et forme le sud-est de la vaste province d'Andalousie. De plus, Alfonse X devait, sa vie durant, jouir des revenus de l'Algarve occidentale. Huit ans après, Alfonse III, en l'aidant à repousser les Mérinites (1262), obtint qu'il renonçât à cet usufruit en sa faveur. L'acquisition de l'Algarve fut d'une haute importance pour le Portugal. Outre qu'elle complète le territoire qui, de ce côté, forme une région naturelle, elle a été l'occasion des expéditions d'Afrique, et par suite l'occasion des voyages et découvertes qui, finalement, ouvrirent la route de l'Inde aux Portugais. Alfonse III n'en trouva pas moins son clergé récalcitrant en plus d'une circonstance. Ce fut d'abord lorsqu'il répudia la comtesse *Mahaut de Boulogne* pour épouser *Béatrix de Castille*, fille d'*Alfonse X* : l'archevêque de Saint-Jacques mit alors le royaume de Portugal en interdit, et il fallut la mort de Mahaut (1261) pour mettre fin à cette querelle. Ensuite revinrent les conflits relatifs à l'exemption de toute taxe et à la juridiction : le clergé se récriait d'autant plus contre Alfonse, que c'est à lui qu'en 1245 ce prince avait dû son installation prématurée au pouvoir. Déjà le pape *Grégoire X* avait adressé au monarque une constitution sévère qui laissait planer sur lui la menace de l'excommunication, quand sa mort, en 1276, amena l'exaltation de *Jean XXI*, Portugais de naissance, qui usa de ménagements à l'égard d'Alfonse. Le roi tint bon jusqu'à la fin, et ce ne fut qu'au lit de la mort qu'il jura obédience au Saint Siége et fut ainsi réconcilié avec l'Eglise.

§ 5. Troisième période de la branche aînée de la maison de Bourgogne : 4 souverains, 104 ans.

1279-1325. DENYS, que les contemporains et la postérité se sont plu à décorer des beaux surnoms de *libéral*, de *juste*, de *père de la patrie*, de *laboureur*, débuta par être aussi mal avec le clergé que ses quatre prédécesseurs. Loin d'accomplir les promesses de son père au lit de la mort, il posa des bornes d'une main ferme aux immunités et à la juridiction ecclésiastiques, prohiba l'augmentation des biens-fonds des églises et des couvents, exigea en quelque province la dime à son profit, refusa de la payer pour ses domaines, et imposa aux paysans du clergé les prestations communes à tous les autres. De telles mesures n'allèrent point sans récriminations; la constitution menaçante de Grégoire X contre le père fut exécutée contre le fils : Denys se vit excommunié. Mais son habileté égalait sa hardiesse; il sut adoucir l'amertume des contestations; il fit à propos des concessions prudentes : peut-être avait-il plus demandé que réellement il ne voulait obtenir. Aux cortès de Lamégo, où il se laissa présenter par le clergé quarante-deux griefs ou chapitres spéciaux, il fit avec ce corps puissant des conventions que Rome jugea insuffisantes, mais qui, provisoirement, rétablirent l'harmonie en Portugal. Plus tard, il signa un concordat avec Honorius IV (1285), et il y obtint de ne plus payer la dime. Denys triompha de même de tous les partis qui tentèrent de troubler son règne. Il était l'aîné d'Alfonse III et de Béatrix. Mais, comme à l'époque de sa naissance Mahaut n'était point morte, *Ferdinand*, son frère puîné, prétendit le faire passer pour illégitime, et trouva des appuis non-seulement en Portugal, mais même en Castille, près des *la Cerda*, qui, injustement exclus du trône qui devait leur appartenir, ne cessaient de cabaler contre *Sanche IV*.

En revanche, Sanche IV et Denys s'allièrent contre leurs ennemis communs. Denys, dans ces relations, eut tout l'avantage : il paralysa les efforts de Ferdinand, qu'il dépouilla de ses apanages, notamment de Portalègre, point dangereux aux mains d'un rebelle, et avec lequel du reste il se laissa réconcilier lorsqu'il n'en eut plus rien à craindre ; et il se fit promettre par Sanche une bonne partie de l'*Estremadure espagnole* (*Badajoz, Caceres, Truxillo, etc.*). Malheureusement Sanche IV mourut (1295), et *Marie de Molina*, régente au nom de Ferdinand IV, se hâta si peu de livrer les places promises, que Denys se crut joué, s'unit avec le roi d'Aragon Jacques II, et sembla se préparer à la guerre. Il ne la fit pas pourtant : sa fille *Constance*, fiancée au jeune Ferdinand, fut censée lui porter en dot plusieurs des villes de l'Estremadure espagnole, et lui-même cessa de réclamer le reste. Au fond, ce bon prince sentait que la paix est un inappréciable bienfait pour l'humanité : il la maintint de toutes ses forces, et, par elle, il fit fleurir l'agriculture, le calme, le bon ordre ; il acquit de grandes richesses, qu'il répandait avec sagesse ; il aimait les sciences, les lettres ; il fonda l'université de Lisbonne ; sous lui, la langue se polit, la littérature commença. Vasco Labeira donna l'élan à la prose portugaise par son *Amadis de Gaule*. Le sage gouvernement de Denys facilitait le commerce, auquel il donnait la sécurité ; il encouragea la navigation : on dirait qu'il pressentait la brillante destinée maritime du Portugal. Juste et probe, il vit avec douleur la persécution exercée contre les Templiers, et ne voulut point s'enrichir de leurs biens : pour ne pas rentrer en querelle avec le Saint Siége, il souscrivit à l'abolition de cet ordre (1309) ; mais il institua sur-le-champ un autre ordre de chevalerie, celui du Christ, auquel il donna pour dotation les biens ravis aux Templiers de Portugal, et où furent admis de préférence les chevaliers du Temple. *Castro-Marinho* et *Tomar* furent successivement chefs-lieux de cet ordre, qu'approuva, en 1319, une bulle de la cour avignonaise, et qui reçut les statuts de l'ordre espagnol de Calatrava. Tandis que Denys se vouait à ces soins paternels, Alfonse son fils et la reine *Elisabeth d'Aragon*, secondés par les évêques de Lisbonne et de Porto, cherchaient à troubler le royaume. A les entendre, Denys voulait déshériter le fils légitime et laisser la couronne à son fils naturel Alfonse Sanchez, seigneur d'Albuquerque : la jalousie seule excitait ces calomnies absurdes. Denys, pour prévenir un mouvement, résolut de surprendre son fils à Cintra. Averti par Elisabeth, le fils rebelle échappa, leva l'étendard de la révolte, et livra bataille à son père à Coimbre (1322). L'intervention d'Elisabeth rétablit momentanément la paix. Mais le retour de Sanchez à la cour la fit rompre presque aussitôt, et l'on allait se battre encore à *Lumiares* quand Elisabeth désarma les deux partis. Ce deuxième accommodement ne fut pas plus durable et Alfonse en était à sa troisième révolte (1324), quand Denys, trop vieux pour tenir tête à tant de contrariétés, sacrifia enfin Sanchez, qui dut résilier ses places en même temps que quitter Lisbonne, et augmenta l'apanage de son fils. Il ne survécut que quelques mois à ce pacte, et mourut universellement regretté.

1325-1357. Alfonse IV, son fils, avait plusieurs belles qualités : il était franc, brave, juste quand ses passions ne l'emportaient pas. Allié d'Alfonse XI contre le mérinite Abou'l Haçan de Maroc, il prit part à la célèbre bataille *du Salado* de 1340, et il y mérita le surnom d'*el Osado* (l'audacieux). Mais, avant de se réunir à ce prince contre l'infidèle, il avait été en guerre avec lui. Il avait cessé de vouloir pour fiancée de son fils la cousine d'Alfonse XI, Blanche de Castille, jusqu'alors élevée en Portugal, et il voulait toujours garder la dot. Alfonse XI mit obstacle au départ de la fiancée nouvelle (Constance de Villena-y-Escalona), qui, comme son père, habitait l'Espagne, et qui, du reste, était aussi du sang royal de Castille, mais d'une branche plus éloignée. Le monarque portugais finit par céder : il rendit la dot, Alfonse XI lui rendit sa parole, et la paix se fit. Le mariage de Pierre (c'était le nom de l'infant) et de Constance eut lieu l'année même de la bataille du Salado (1340) : quatre ans après, il fut rompu par la mort de Constance ; Pierre ne tarda point à épouser, mais secrètement, la belle Ignès de Castro, de laquelle il eut trois enfants, et qui passait pour sa maîtresse. Des ennemis de la puissante famille de Castro, également redoutée en Portugal et en Espagne, présentèrent sous les plus noires couleurs au roi le refus opiniâtre qu'opposait l'infant à toutes les propositions de mariage de son père : Coello, Pacheco et Gonzalvez, les plus acharnés d'entre eux, arrachent à sa faiblesse l'ordre de la mort d'Ignès, et courent à Coimbre pour le mettre à exécution en l'absence de Pierre : en vain Alfonse les accompagne comme par un reste de défiance; en vain Ignès à ses genoux avec les fils de son fils, lui fait révoquer la sentence fatale : bientôt il se laisse surprendre un ordre nouveau qui, cette fois, est exécuté sur l'heure (1355). Cette inique atrocité fit prendre les armes à Pierre ; et Alfonse, qui tant de fois s'était révolté contre un père irréprochable, vit son fils lever contre lui l'étendard de la rébellion. Mais, plus heureux que Denys, il mit un terme prompt aux hostilités par l'entremise de l'archevêque de Braga, qui réconcilia les deux princes. Pierre promit même de pardonner aux meurtriers. Alfonse pourtant ne le crut pas; et, près de mourir, il leur donna de l'argent et un bon conseil, celui de fuir. — Mauvais fils, mauvais père, frère plus détestable encore (car, maître du trône, il poursuivit avec violence Alfonse Sanchez, le traduisit devant les cortès comme perturbateur de l'Etat, et fit prononcer sa condamnation sans qu'on l'ouït dans sa défense), Alfonse IV avait eu l'art pourtant de vivre d'accord avec le clergé : il est vrai que l'ordre heureux établi par son père y contribuait, et que l'Eglise s'était aperçue enfin que quelques sacrifices, quelques déférences amplement compensées, ne lui portaient aucun préjudice; mais enfin Alfonse maintint cet heureux état de choses : il eut les prélats pour lui dans sa lutte contre Pierre; et, après la victoire du Salado, le Saint Siége lui permit de percevoir deux ans le décime des revenus du clergé à la charge de prêcher la croisade contre les infidèles. En revanche, Alfonse trouva moins de docilité dans la nation; les cortès lui firent souvent entendre des paroles amères; une députation osa lui dire : « Que votre altesse se corrige, sinon nous élirons un autre roi qui sache mieux gouverner et remplisse mieux ses devoirs. » Toutefois, cette assemblée n'oublia jamais les siens au point de passer des paroles aux actes, et tous les conflits de ce règne se bornèrent à ces altercations un peu vives et à la courte rébellion de Pierre.

1357-1367. PIERRE Ier *le Justicier*, que quelquefois on nomme aussi Pierre *le Cruel*, mais qu'il ne faut pas confondre avec le roi de Castille Pierre le Cruel, son contemporain (1350-1366), bien autrement atroce que lui, ne mérita ses deux surnoms que par sa justice toujours sévère, parfois impitoyable et passionnée. Dociles à l'avis d'Alfonse IV, les assassins d'Ignès s'étaient sauvés en Castille; le Justicier les réclama, et le Cruel n'hésita point à les troquer, ou, du moins, à troquer deux d'entre eux (car un échappa) contre trois réfugiés castillans qui avaient choisi le Portugal pour asile. Conduits en présence du roi à Santarem, ils subirent la torture : encore vivants, ils se virent ouvrir la poitrine d'où l'on arracha le cœur; enfin, on trancha la tête aux deux cadavres (1360). Puis devant les cortès de Castanhede, Pierre affirma par serment qu'Ignès avait été sa femme, et en produisit les preuves; ordonna que sa dépouille mortelle fût placée solennellement sur un trône sous un dais, et que toute la cour allât baiser sa main comme à une reine régnante ; la fit inhumer de nouveau, mais splendidement et au caveau des rois, dans Alcobaça, et consacra sa mémoire par un monument que surmonte la statue d'Ignès couronne en tête. — Les ecclésiastiques, que l'indulgence de son père avait rendus fiers outre mesure, et dont beaucoup souillaient la sainteté du ministère par des crimes dont ils espéraient l'impunité, furent réprimés sévèrement par l'inflexible monarque. Il n'épargna pas non plus les nobles, soit lorsqu'ils opprimaient leurs vassaux, soit lorsqu'ils semblaient menacer le pouvoir. — Personne pourtant ne se révolta : c'est qu'il ne frappait jamais qu'à propos, et qu'il prévenait la révolte en en châtiant la pensée : c'est aussi qu'il était aimé du peuple. Malgré le luxe toujours croissant et malgré les exemples que lui donnaient à l'envi les rois de l'Europe, il allégea le poids des impôts ; et, quoique économe, il fut libéral et bienfaisant, ce qui n'empêcha point qu'en mourant il ne laissât ses coffres remplis.

1367-1383. Ferdinand Ier, son fils aîné, fut loin d'avoir les mêmes vertus et la même sagesse. Sa cour fut le théâtre d'intrigues les unes ignobles, les autres sanglantes. Trois guerres ruineuses vidèrent son trésor et n'ajoutèrent au pays ni provinces, ni prospérité, ni gloire. Les cortès, avec des formes respectueuses, mais qui ne déguisèrent que faiblement l'arrogance des demandes, s'immiscèrent dans le gouvernement. La cause première de tous ces maux, après le triste caractère du jeune prince, fut l'ascendant sans bornes que prit sur lui l'avide, l'altière, la fantasque *Eléonore Tellez de Meneses*, dont il fit dissoudre le premier mariage afin de l'épouser. De trois frères qu'il avait, l'un (don *Denys*, comte *de Cisuentos*) refusa insolemment de traiter la reine en reine et bientôt déserta le Portugal pour ourdir en Castille des trames coupables contre sa patrie ; un autre (don *Juan*, duc de *Viseu*) s'était marié à la sœur d'Eléonore, mais à la persuasion de cette femme intrigante, qui craignait de voir un jour régner sa sœur, il crut à tort son épouse infidèle, la poignarda, et, poursuivi par l'opinion et par la famille, fut réduit à s'expatrier comme Cisuentos; le troisième (don *Juan d'Aviz*) bien supérieur à tous ses frères, pénétra les criminelles intelligences d'Eléonore avec le comte d'*Ourem*, et pour prix de sa clairvoyance, faillit recevoir la mort sur un ordre signé du roi et dont le roi n'avait pas connaissance. Pendant que ces crimes et ces ignominies se succédaient à tour de rôle dans l'ombre du palais, l'extérieur présentait un spectacle non moins déplorable. A la chute de Pierre le Cruel de Castille (1367), qui ne laissait que deux filles illégitimes, réclamant en vain le trône occupé par Henri de Transtamare, illégitime comme elles, Ferdinand, arrière-petit-fils de Sanche IV par Béatrix et cousin du monarque défunt, imagina de se faire ou de se laisser proclamer roi par un parti : il prodigua son argent pour acheter les fidélités à vendre, il donna des districts de provinces entières à qui sut lui imposer par ses forfanteries et ses promesses; un traître, Jean Andeiro, lui livra la Corogne et reçut en échange le titre de comte d'Ourem, prélude de faveurs plus hautes encore. Mais Transtamare parut en Galice. Réoccuper la Corogne, réduire le pauvre Ferdinand à s'embarquer en toute hâte, envahir le Portugal, entrer vainqueur à Braga, ne furent pour lui que l'œuvre de quelques mois. Sa flotte ne fut pas moins heureuse; et Ferdinand, par sa honteuse *paix d'Alcoutin*, résilia toutes ses prétentions et promit d'épouser la fille du roi son vainqueur (1371). C'est immédiatement après ce traité, qu'Éléonore, jusque-là sa maîtresse, devint sa femme. En même temps il reconnut comme légitime héritier de la Castille l'Anglais *Lancastre*, époux de la fille aînée de Pierre le Cruel. Henri répondit en marchant de nouveau contre les soldats de Ferdinand; il pénétra jusqu'à la capitale, brûla partie de la flotte du Tage, dicta la *paix de Santarem* (1373), encore plus humiliante que la première, et se fit, en vertu de cette paix, livrer cinq cents transfuges castillans, des otages et cinq vaisseaux qu'il envoya combattre en faveur de la France contre les Anglais, avec sa propre flotte. Ferdinand ne fut pas plus heureux lorsqu'en 1380 il prit les armes contre Jean Ier, successeur de Henri, et cela au moment où il venait de contracter alliance intime avec ce prince, en lui promettant pour son fils (depuis Henri III), outre la main de l'infante Béatrix sa fille, le trône de Portugal. Il est vrai que la loi de Lamégo de 1162 prohibait formellement ce pacte. Mais ce n'est pas là ce qui fit varier le roi ; c'est qu'Eléonore et le comte d'Ourem en vinrent à craindre les résultats de cet hymen. Le Portugal revit de nouveau les Castillans, qui furent vainqueurs sur mer et sur terre. Lancastre vint bien au secours de Ferdinand et fit reculer les Espagnols; mais ses troupes indisciplinées commirent tant de ravages, que, pour s'en débarrasser, le mari d'Eléonore signa un traité séparé. Béatrix fut fiancée au fils puîné de Jean encore au berceau, et qui dut, au lieu de Henri son aîné, monter au trône de Portugal. Mais peu après, l'arrangement fut modifié : Jean Ier, devenu veuf, fut lui-même l'époux de Béatrix. — On se figure aisément qu'au milieu de tant de fautes l'administration était détestable. La marine ruinée, l'armée réduite à rien, des finances en désordre, la justice mal rendue, les lois méprisées, le mérite et la vertu méconnues, les factions relevant la tête, partout la misère, l'anarchie, le découragement, l'immoralité, tel est le hideux et fidèle tableau du Portugal à cette époque douloureuse.

§ 6. Commencement de la 2e branche de la maison de Bourgogne ou branche d'Aviz : JEAN LE GRAND (1383 - 1433).

Heureusement, à côté des trois indignes princes dont nous venons de raconter les actes, Pierre le

Justicier en avait laissé un autre, celui que nous avons nommé Jean d'Aviz, parce qu'il était grand-maître de cet ordre de chevalerie. Jean d'Aviz n'avait qu'un tort, c'était de n'être pas fils légitime de Pierre et de Thérèse Lorenzo. Généreux, loyal, prudent, politique profond, et habile militaire, plein d'audace et de mesure, connaissant à fond les hommes et les choses, ambitieux et ferme, il avait toutes les qualités d'un grand roi ; et, si vraiment le trône avait été vacant, le Portugal n'aurait pu faire un plus digne choix. Béatrix, suivant la loi de Lamégo, avait perdu son droit au trône en épousant un étranger, ou du moins ne pouvait transmettre de droit à sa postérité. Mais elle comptait, malgré la loi, de nombreux adhérents. Venaient ensuite les oncles don Jean et don Denys, et, quelle qu'eût été leur conduite, les droits qu'ils tenaient de leur naissance subsistaient. L'adroit d'Aviz cacha ses vues et laissa Eléonore s'emparer de la régence pour Béatrix absente, et faire retenir en Castille, par son gendre, Denys et Jean, qui s'y trouvaient. Jean Ier s'avançait avec des troupes pour appuyer les droits de sa femme et les mesures de sa belle-mère. Ourem était l'âme de ce gouvernement provisoire avec l'évêque de Lisbonne. D'Aviz alors feignit de partir pour l'Alemtejo, surprit Ourem et le tua de sa main, fit naître deux fois un vaste soulèvement à Lisbonne, en répandant tantôt le bruit de sa mort, tantôt celui de son exil, et, sûr ainsi de l'amour du peuple qui mit à mort son évêque, il se fit proclamer protecteur et régent du royaume jusqu'à la naissance d'un fils de Béatrix. A ces nouvelles le mari de cette princesse envahit le Portugal avec les troupes castillanes (1384) et assiégea Lisbonne ; mais il perdit inutilement beaucoup de temps et s'en retourna, offrant à d'Aviz de lui laisser la régence, à condition qu'il eût pour collègue un Castillan. Pour Eléonore, elle était tombée dans l'ombre. D'abord d'accord avec son gendre, elle se brouilla bientôt avec lui, tenta, dit-on, de le faire assassiner et fut cloîtrée à Tordesillas, où elle vécut assez pour voir d'Aviz sur le trône. Ce prince, qui d'abord n'avait guère eu que Coimbre et Lisbonne pour lui, voyait sans cesse s'étendre son pouvoir; la retraite des Castillans le couvrait de gloire. Alors il changea de rôle : il assembla les cortès à Coimbre, afin de régler la succession à la couronne, et là il fit lire par le jurisconsulte *Jean Regras* une *déduction* juridique établissant que Béatrix et ses beaux-frères étaient sans droits. En vain Martin *Vasquez d'Acunha* argumenta contre ces raisonnements; la majorité, formée surtout par les députés des villes, vota dans le sens de Regras, et Jean Ier fut proclamé le 6 avril 1385. La même année il remporta sur Jean de Castille et les Français ses auxiliaires la bataille décisive d'Aljubarota : son connétable Pereira fut le vrai héros de cette journée. La guerre pourtant ne finit pas, mais elle languit. Le nouveau monarque s'unit à Lancastre, compétiteur de Transtamare, et reconnut le pape Urbain VI, que rejetait l'Espagne; mais bientôt Lancastre fit la paix (1387); des prises de villes remplirent l'intervalle jusqu'à la trève de 1389, qu'on renouvela en 1393, et qui, rompue avant son expiration, fut rétablie en 1403, et les hostilités ne recommencèrent que pour être suivies de la paix définitive de 1410, qui reconnaissait Jean Ier roi de Portugal. — Ainsi affranchi de toute inquiétude du côté de la Castille, Jean ouvrit une ère nouvelle au Portugal en débarquant en Afrique (1415) avec ses fils, ses troupes, et le vieux Pereira : il prit Ceuta. Le Portugal devenait donc agresseur et relançait jusqu'en leur patrie ces Maures qui si longtemps avaient inondé la Péninsule! et les Portugais allaient fixer leurs yeux sur la mer! Le prince Henri, troisième fils du roi, s'établit à la pointe de Sagres, à Terça Nabal, où s'éleva une école de mathématiques et de science nautique : grand-maître de l'ordre du Christ, il consacra ses revenus à des expéditions maritimes, à des voyages de découverte : Puerto-Santo, Madère furent aperçus, le cap Bojador doublé, une des Açores visitée. Ces débuts, ce noble exemple, imprimèrent un grand essor à la navigation. Jean Ier voulut aussi se signaler comme législateur : il fit traduire le code Justinien avec les gloses d'Accurse et de Bartole, et les réunit aux anciennes lois gothiques (*Fuero juzgo* des Visigoths) et aux ordonnances des rois de Portugal. Ce recueil, qu'on n'imprima qu'en 1512, devint désormais la base du droit en Portugal. Jean fit de Lisbonne sa résidence. Il mourut en 1433, laissant cinq fils légitimes et un fils naturel, Alfonse, duc de Bragance, tige de la branche qui règne aujourd'hui en Portugal. A sa mort, le pays était en pleine voie de prospérité : le plus grand calme y régnait; et les cortès, le clergé avaient cessé d'être turbulents comme sous ses prédécesseurs.

§ 7. Découverte du passage aux Indes par le Cap de Bonne-Espérance.

L'Inde et l'Occident étaient en rapport depuis des siècles par le commerce; mais les riches marchandises, les tissus, les épices n'arrivaient que par de nombreux intermédiaires au centre et à l'ouest de l'Europe, ce qui tenait à ce qu'elles voyageaient ou uniquement par terre (en traversant la haute Asie), ou par une route moitié maritime, moitié terrestre. Les profits du commerce s'éparpillaient ainsi, et le prix des objets se maintenait fort haut. L'Égypte, dans l'antiquité, Venise et les villes maritimes d'Italie, pendant le moyen âge, avaient surtout été les agents de cet échange. Mais, depuis longtemps, on se demandait, en Europe, s'il n'y aurait aucun moyen d'atteindre plus économiquement, plus sûrement aux magasins de l'Inde, sans être entravé par les lenteurs de la route de terre, sans rencontrer à chaque pas, en Asie, des hordes barbares et pillardes qui tuaient le marchand et gardaient la marchandise. C'est le Portugal qui eut la gloire de résoudre ce problème, c'est lui qui le premier arriva par mer à l'Inde.

Mais qu'on jette les yeux sur une mappemonde, la route de mer, pour parvenir à l'Inde, est longue et impatientante. En ligne droite, il n'y a pas au delà de 2,000 lieues de l'embouchure du Tage aux bouches du Sindh; par mer, ce trajet en excède 5,000 : car l'Afrique, dont on est obligé de faire le tour, s'avance de 35 degrés dans l'hémisphère austral, tandis que l'Inde reste vers 10, 15, 20 et même 25 degrés au nord de l'équateur. Ce qui nous semble si long à nous-mêmes, malgré les perfectionnements de la navigation et malgré la connaissance que nous avons de la route à suivre, était bien autrement décourageant, quand la découverte était encore à faire; quand, à l'exception de quelques savants, les contemporains n'étaient pas sûrs qu'en s'obstinant sur la route du sud, on finirait par rencontrer un point d'arrêt, d'où l'on remonterait au nord et à l'est; quand enfin on se demandait si l'économie du transport et les profits du commerce compenseraient les désavantages de l'allongement de la route. Aussi s'écoula-t-il un long temps entre le premier essai du prince Henri et l'arrivée à Calicut de Vasco de Gama (1418-1498).

La découverte de l'Amérique par Colomb fut plus brillante et plus rapide : plus brillante, parce que Colomb, visant à l'Inde, ainsi que les navires portugais, prenait avec hardiesse la route de l'ouest pour parvenir à l'est, et aussi parce qu'il s'élançait en haute mer au lieu de suivre perpétuellement des rivages; plus rapide, parce que seul il la conçut et l'accomplit, parce qu'il l'accomplit en moins de quatre mois. Mais en importance, les deux événements sont égaux, et la gloire du Portugal se trouve être non celle d'un individu, mais celle de tout un pays, de presque tout un siècle.

Nous avons vu le prince Henri, cet immortel auteur de l'élan des Portugais vers l'Atlantique et les Indes, fixer son séjour à l'angle sud-ouest de l'Algarve, équiper des navires, et former des marins par des études préparatoires et spéciales. Il fut bientôt récompensé de ses efforts. *Zarco, Texeiro,* jetés sur une île inconnue, Puerto-Santo, en 1418, y semèrent, y plantèrent des végétaux européens; tout vint à merveille. En 1420, en compagnie de Barthélemi *Parestrello*, ils découvrirent Madère, qui n'était alors qu'une immense forêt, ils y mirent le feu, et sur le sol couvert de cendres, fécondé par un embrasement (de 7 ans, s'il faut en croire les Portugais), ils établirent la vigne de Chypre, la canne à sucre de Sicile, deux cultures qui donnèrent des profits au delà de toute espérance. En 1432, *Gilianez* doubla le cap de Bojador, jusqu'alors l'effroi des plus résolus navigateurs, et *Cabral,* poussé à l'ouest par les vents, toucha la plus orientale des Açores. Dix ans plus tard, on descendait fréquemment à la côte la plus méridionale de Maroc, et même à celle du Sahara. Lisbonne voyait, dit-on, les premiers nègres, et le commerce de la poudre d'or commençait. Les Portugais, à l'aspect de ce métal, avaient cessé de traiter de chimère les larges vues du prince Henri, et se mettaient à expédier des vaisseaux pour leur compte. En 1444, au plus tard, sortit des ports du Portugal toute une flottille destinée au commerce des côtes d'Afrique. L'année suivante, *Fernandez,* à l'embouchure du Sénégal, y trouvait les premiers nègres idolâtres, car jusqu'alors on n'en avait vu que de mahométans. On commençait donc à s'enfoncer dans un lointain fabuleux, on touchait des régions où l'Islamisme n'avait point pénétré. Pendant ce temps se complétait la découverte des Açores : en 1450, tout l'archipel était connu. Dès 1449, il commençait à recevoir une population ; car jusque-là il était resté désert ; des colons flamands, en 1466, vinrent l'augmenter. De sept à neuf ans après, les bouches du Sénégal s'apercevaient, et l'île d'Arguin et le Niger (1452-54) ; puis *Cadamosto* et quelques Génois saluaient le cap Vert. Cependant, loin d'avancer vers l'est, on avait reculé ; Lisbonne est en deçà du 12e degré de longitude ouest ; le cap Vert est presque au 20e. Heureusement Pierre de Cintra toucha la côte de Guinée et louvoya de la région de Sierra-Leone au cap Mesurado. Le rivage avait cessé de porter à l'occident ; bientôt il cessa de porter au sud, et l'on dut se dire qu'enfin on avait trouvé à peu près la limite australe de cette vaste Afrique. Le prince Henri mourut dans cette douce pensée (1461).

Tout alla bien tant qu'on cingla directement de l'ouest à l'est, le long de la côte des Dents, de la côte d'Or, de la côte de Poivre, du Calabar et du Benin, si riches d'ailleurs en épiceries, en ivoire, en métaux précieux, en esclaves ; car la traite des noirs commençait. Mais quel désespoir, quand après Benin on aperçut la côte reprendre la direction sud ! et quelle mince consolation que la découverte des trois îlots de Saint-Thomas, du Prince et d'Annobon, bien que la première, plantée de cannes à sucre, et cultivée par les nègres réduits en esclavage, rendit immensément (1472) ! La patience fut à bout ; plusieurs années se passèrent sans qu'on essayât un pas en avant : on crut assez de se consolider en Guinée, en construisant le fort de Saint-Georges de la Mine, en élevant des comptoirs, en envoyant des colonies ; encore était-ce un grand roi que celui qui avait ce courage (Jean Ier). Enfin pourtant (1484), *Diégo Cam* reprit la route du sud, passa devant le Zaïre, ce grand fleuve qui coupe en deux la Guinée inférieure ou Congo, et fit 600 lieues de l'autre côté de la ligne : on sentait que l'Afrique s'amincissait, quoique lentement. Deux ans après, un autre navigateur, Barthélemy *Diaz*, arrivait en dépit des ouragans, 400 lieues encore plus au sud, au cap des Tempêtes. Admis devant le roi Jean V, après son retour, il lui rendait compte de sa navigation : « N'importe ! lui dit le roi, je veux que ce promontoire s'appelle le *cap de Bonne-Espérance ;* j'augure, comme vous, que c'est la fin de l'Afrique. » Jean augurait vrai ;

mais la longueur de la route à faire de l'autre côté de l'Afrique épouvantait. Onze ans encore se passèrent sans rien tenter, et Jean mourut dans l'intervalle. Cependant Colomb avait débarqué aux petites Antilles, qu'on croyait alors des îles en avant de l'Inde, et ce magnifique succès piquait l'émulation; la possibilité d'aller aux Indes en doublant l'Afrique n'était plus une question; le voyage, par terre, de Covilham, du Caire à Calicut, combiné avec les récits de deux juifs présentés à Jean V, avait levé toute incertitude. Un dernier explorateur partit avec la mission de doubler le cap de Bonne-Espérance et de ne s'arrêter qu'à l'Inde : ce fut Vasco de Gama. Après avoir suivi jusqu'à cette pointe fameuse la route tracée, Vasco, le premier des Européens, remonta la côte est (novembre 1497), vit la Cafrerie, Sofala, Mozambique, Mélinde, puis enfin des pays d'où, de temps immémorial, quelques indigènes allaient à l'Inde et en revenaient, y prit un pilote, repassa la ligne, et mouilla, le 22 mai 1498, devant Calicut. L'objet spécial de son voyage était rempli : restait à nouer des relations de commerce avec ce beau pays, enfin atteint par une voie si longue. Pour y réussir, il fallait triompher et de la jalousie des anciens possesseurs de ce commerce et de l'antipathie, de la défiance des Hindous. En triompher par la force demandait des ressources que Gama n'avait pas; tout ce qu'on voyait sur la côte annonçait une civilisation avancée, puissante, capable de se faire respecter. Gama se borna donc à prendre connaissance du pays, à effectuer à l'amiable le plus d'échanges qu'il put, et à se faire présenter au *zamorin* ou souverain du pays. Bientôt sa vie fut en un péril imminent : il n'y échappa que par sa présence d'esprit, et, remettant à la voile, il fut de retour le 29 août 1498.

§ 8. **Rois de Portugal de la branche d'Aviz pendant les voyages pour la découverte des Indes : 3 souverains, 1433-1495 (non compris le commencement d'Emmanuel).**

Les voyages, les découvertes forment incontestablement la partie la plus mémorable des trois règnes qui se succédèrent pendant ces deux tiers de siècle. Cependant ils offrent encore beaucoup de détails dignes d'intérêt.

1433-1438. Édouard, l'aîné des fils de Jean Ier, ne fut que cinq ans sur le trône. C'était un prince doux, instruit, lettré, brave cependant. Il avait suivi son père en Afrique en 1415 : il résolut d'y faire une autre expédition. Une bulle d'Eugène IV promit des indulgences à quiconque participerait à cette guerre sainte ; 14,000 hommes s'embarquèrent avec le roi et vinrent mettre le siége devant Tanger (1437). C'était bien peu contre les nuées de Berbers que Sala ben-Sala roi de Fez réunit contre eux à la voix de ses mollahs (prêtres musulmans), qui eux aussi prêchèrent la guerre aux infidèles, car eux aussi donnaient ce nom aux chrétiens. D'assiégeants, les Portugais bientôt devinrent assiégés : cernés, mourant de faim, ils furent heureux encore d'obtenir la capitulation de Tanger, qui, outre l'évacuation de l'Afrique, stipulait la restitution de Ceuta et imposait des otages. Il est vrai qu'une fois Edouard revenu en Portugal, les cortès de Leyria s'opposèrent à l'exécution de la clause sur Ceuta ; mais aussi les Maures gardèrent les otages, parmi lesquels était un frère du roi, don Ferdinand, qui mourut en captivité (1443), et dont on a fait en Portugal un martyr et un saint. Edouard, chagrin du malheur de son frère, préparait une nouvelle expéditon d'Afrique, lorsqu'il mourut en 1448. La royauté lui doit une loi dite *loi mentale*, d'après laquelle les aliénations du domaine, en cas de mort des donataires ou de leur postérité mâle, font retour à la couronne. Son but était de corriger les abus de la munificence royale qui trop souvent récompensait les importunités des courtisans par des donations considérables.

1438-1481. Alfonse V, *l'Africain*, ainsi nommé à cause de ses nombreuses expéditions en Afrique, avait sept ans, lorsqu'il hérita du trône. Son oncle *Pierre, duc de Coimbre*, gouverna en son nom avec autant de sagesse que de droiture. Mais deux de ses frères devinrent jaloux de sa puissance, surtout après qu'il eut donné sa fille au jeune roi. De ces deux frères, l'un était le séditieux *Alfonse*, duc *de Bragance*, l'autre le connétable *Jean*. La conduite d'Alfonse était d'autant plus déloyale, qu'il devait à Pierre le duché de Bragance, lequel venant de sa femme, héritière des Albuquerques, eût dû, d'après la loi mentale, revenir à la couronne. Le jeune roi avait seize ans. Le connétable et le duc, par leurs adulations calomnieuses, lui inspirèrent des soupçons contre Pierre, qu'ils lui peignirent comme ambitieux et affectant de gouverner seul. Ils finirent par lui persuader que, las d'être ministre, Pierre attentait à sa couronne et à sa vie. Objet de tant de méfiance, ce prince quitta la cour et alla vivre dans la retraite. Mais ses ennemis voulaient le perdre et pour cela le pousser à la révolte. Ils le firent mander à la cour. Pierre, qui craignait la rage de ses frères, s'y rendit suivi d'une escorte qui ressemblait à une petite armée. Alfonse V, convaincu que son beau-père se disposait à l'enlever, vint à sa rencontre, à la tête de 30,000 hommes. Les deux partis se battirent près d'Albuféra, et Pierre y fut tué. Soudain, défense d'ensevelir son cadavre, enquêtes sévères sur la conspiration du duc de Coimbre. On ne trouva pas de conspirateurs, et plus tard, la mémoire du prince fut réhabilitée. La tranquillité rétablie, Alfonse songea sérieusement à ces guerres d'Afrique qui lui ont valu son surnom. Déjà son père avait résolu d'aller briser les fers de Ferdinand, et dès 1442, le régent Pierre essayait d'accomplir cette décision ; mais les soins du moment et les intrigues de cour ralentirent les préparatifs. Puis vint la prise de Constantinople par les Turcs, à peu près au moment où le roi devenait maître : son ardeur guerrière fut alors détournée de ce côté ; le pape Calixte III l'en sollicitait, et l'autorisait à lever, pour subvenir aux frais de cette guerre, un décime sur le clergé. C'est à cette occasion que furent frappées les premières cruzades (pièces de monnaie qui aujourd'hui valent un peu moins de trois francs, et dont le nom vient de *Cruz*, croix) (1453-55). — Quand l'entreprise fut totalement abandonnée, tant à cause de la mort du pape, qu'à cause de la tiédeur des puissances qui devaient y coopérer, Alfonse V en revint à l'idée de la guerre d'Afrique, et appliquait à celle-ci ses préparatifs contre les Ottomans. Il prit terre à Ceuta (1558), et s'empara d'Alcaçar Sequer. C'est là que son oncle le prince Henri tomba malade, mais il ne mourut qu'en 1461. Une seconde expédition en 1463 n'eut pas un grand succès. Alfonse n'y assista point. La troisième en 1471 fut plus heureuse. Alfonse en personne commandait l'armée; Jean son fils l'accompagnait : vingt-cinq mille hommes étaient à leur suite. Ar-Zila fut emporté d'assaut, et deux fils du roi de Maroc, Muley, tombèrent aux mains du roi qui les troqua contre la dépouille mortelle de Ferdinand, son oncle, mort depuis bientôt trente ans. Tanger ensuite ouvrit ses portes sans coup férir. A ces deux villes se bornèrent les conquêtes qu'Alfonse avait rêvées, conquêtes stériles si elles n'étaient suivies, sinon de celle de toute la Mauritanie, au moins de celle d'un vaste territoire. Elles ne le furent jamais, et, à vrai dire, les successeurs d'Alfonse eussent fait sagement de n'y plus penser. Trouver la route des Indes, exploiter le commerce de cette lointaine région, était bien plus utile et bien plus praticable. — Peu de temps après, Alfonse fut en guerre avec la Castille. Ce royaume alors était en proie à deux partis, dont l'un voulait assurer la succession à la sœur du faible roi Henri IV, Isabelle, tandis que l'autre, conformément au droit strict, prétendait qu'à la mort du monarque le trône passât à sa fille Jeanne de Castille. Cette Jeanne, que ses antagonistes flétrissaient du surnom de *Bertraneja*, comme pour proclamer que son père était, non pas Henri, mais le favori Bertran de la Cueva, devait le jour à l'infante de Portugal, Jeanne, sœur d'Alfonse V. Débordés par les adhérents d'Isabelle, les amis de Bertraneja offrirent la main de cette jeune princesse à son oncle Alfonse, qui l'accepta, croyant ainsi régner sur la Castille : grave faute en politique; car, indépendamment des obstacles qu'il devait trouver de la part des ennemis de sa nièce, à quoi lui eût servi de réunir le Portugal et la Castille? Il avait déjà un fils, depuis *Jean II*, et ce fils aurait régi le Portugal, seul, comme seul un fils de Jeanne la Bertraneja aurait régi la Castille. La fin de cette guerre en fut plus ridicule que le commencement. Alfonse envahit le royaume de Léon (1475) : à *Palencia* il est fiancé à sa nièce, mais on ajourne le mariage. Bientôt se livre la bataille douteuse de *Toro*, plutôt funeste qu'avantageuse aux Portugais (1476). Tout à coup, Alfonse leurré, par on ne sait quel espoir, laisse là son armée, se rend à Tours auprès de Louis XI, duquel il implore des secours, subit longtemps les équivoques et les tergiversations de cet astucieux monarque, puis désabusé sur son compte, croit ne pouvoir laver la honte d'avoir été joué qu'en abdiquant, en allant se cacher à Jérusalem (1477). Il quitte donc furtivement la cour de France, son acte d'abdication arrive à Lisbonne, on proclame Jean II. Mais quelques seigneurs de sa suite l'ont cherché et trouvé au Havre, d'où le faisant renoncer au voyage de Palestine, ils le ramènent à l'embouchure du Tage, à *Cascaès*. Jean s'empresse d'abdiquer, bien qu'Alfonse ne veuille plus que le royaume d'Algarve; puis, quand tout est rentré dans l'ordre, Castille et Portugal signent le *traité d'Alcacebas* : Alfonse renonce au mariage de

Jeanne, à la succession en Castille, à la navigation des Canaries; la Castille s'interdit de naviguer en Guinée; enfin, le fils aîné de Jean II épousera Isabelle fille d'Isabelle et de Ferdinand (d'Aragon), et par ce moyen, peut-être un jour les trois couronnes se trouveront-elles réunies sur une seule tête. Cette supposition, qui fut bien près de se réaliser, ne se réalisa pourtant jamais. — Pour les découvertes par mer sous Alfonse, voy. § 7.

1481-1495. Jean II, dit *le Prince parfait*, réunissait en effet toutes les qualités d'un grand monarque: clément et ferme, sévère et juste, appliqué aux affaires et saisissant bien le nœud des difficultés, il ceignit la couronne avec un plan tout formé: au dedans anéantir les abus, au dehors rendre le royaume indépendant, tels étaient les deux points capitaux de ce plan. Dans cette vue, il commença par annuler les promesses, les expectatives dont ses prédécesseurs avaient été prodigues; il fit poser en loi aux cortès de Montmor, que les vassaux et subordonnés des commandants militaires, des seigneurs prêteraient serment, non point à leur patron ou à leur supérieur, mais au roi, qu'on réviserait les titres des nobles ou riches sénateurs de possessions domaniales, que la noblesse n'aurait plus de juridiction criminelle, et que, pour être juge, il faudrait avoir étudié en droit. Menacé par un complot de l'aristocratie mécontente, qui prit pour chef *Ferdinand II*, duc de Bragance, il sut se saisir de la correspondance séditieuse des conjurés, traduisit le duc devant le tribunal à Evora, et, produisant des masses de preuves accablantes, le fit condamner à mort et exécuter. Un autre parent de Jean reprit alors ses coupables projets. C'était le duc de Viseu auquel déjà il avait fait grâce. Il ne s'agissait de rien moins que de tuer le roi, auquel succéderait son fils mineur, et de donner la régence au duc. Jean fut de bonne heure au fait de cette trame; mais il la laissa se dérouler pour mieux saisir tous ses ennemis. Ce ne fut pas sans risquer plus d'une fois sa tête. Enfin, au moment où la conspiration va éclater, il mande Viseu à la cour : « Que feriez-vous, mon cousin, lui dit-il, à celui qui méditerait votre mort? — Je le poignarderais? — Vous avez prononcé votre arrêt, » dit Jean, et il lui plonge le poignard dans le cœur. L'irrégularité de cet acte sévère est la seule tache du règne de Jean II. A coup sûr le duc était coupable, et Jean, qui lui fit faire son procès après sa mort, n'eut d'autre tort que de placer l'exécution avant la sentence. Il est fâcheux aussi que ce soit le souverain qui se charge du rôle de bourreau. Mais peut-être, dans l'exaltation où étaient les conjurés, Jean II n'eût pu ni faire arrêter leur chef ni faire marcher le procès. La mort du duc atterra les conjurés, dont quelques-uns encore subirent le dernier supplice, et un calme profond régna par tout le pays.— Quant à l'extérieur, nous avons vu que c'est Jean qui détermina définitivement la découverte de la route aux Indes, preuve décisive de la puissance et de la portée de son esprit, plus occupé de l'avenir que du présent. Ce n'est pas tout : voulant, autant que possible, régulariser les conquêtes faites ou à faire dans les nouvelles régions, et surtout éviter d'inutiles discussions avec l'Espagne, lancée aussi dans la voie des découvertes, il s'adressa au pape Alexandre VI. De là la bulle du 4 mai 1493, laquelle, en vertu des pouvoirs apostoliques, assignait à l'Espagne tout ce qu'elle découvrirait et conquerrait à 100 lieues à l'ouest et au sud des Açores et du Cap-Vert, d'un pôle à l'autre, au Portugal, tout ce qui se trouverait à l'est de cette ligne. Presque aussitôt, au reste, la bulle fut modifiée par le traité de Tordésillas entre les deux puissances (1496) : on recula la ligne de pôle à pôle à 370 lieues à l'ouest du Cap-Vert (plus exactement à 21 degrés à l'ouest). Cette ligne est fameuse sous le nom de *ligne de Tordésillas* : nous y reviendrons.

§ 9. Fin de la branche d'Aviz, exploitation du commerce de l'Inde : 4 souverains, 85 ans (1495-1580).

1495-1524. Emmanuel *le Fortuné* vit inaugurer son règne par cette heureuse arrivée de Gama aux Indes, dont il a déjà été question (1498) ; et peu après, Cabral, jeté par la tempête hors de sa route, aborda au *Brésil*, qu'il appela d'abord Sainte-Croix (1500), et qui se trouvait à l'est ou en dedans de la ligne de Tordésillas. En même temps, Gaspar de *Cortereal* arrivait à l'embouchure du Saint-Laurent, découvrait le Labrador et saluait la mer d'Hudson, qu'il vit de loin, du nom de détroit d'Anian (1501). Ce nom n'est point resté; et c'est à tort que Cortereal pressentait dans cette mer un passage de l'Atlantique à l'Océan qui baigne l'est de l'Inde. Mais cette découverte n'en est pas moins une des plus graves de la géographie scientifique. Cortereal, en 1502, repartit de Lisbonne pour continuer ses voyages; mais on n'entendit plus parler de lui, et il en fut de même d'un de ses frères qui voulut aller à sa recherche. Probablement ils périrent par les glaces polaires. Mais c'est l'Inde surtout qui intéressait le Portugal. Cabral, repartant du Brésil, avait débarqué à Calicut, et se préparait à y trafiquer paisiblement, quand une querelle, entre les mahométans, vieux habitués de ces côtes, et les nouveaux venus, lui mit les armes à la main : il bombarde Calicut et brûle quelques vaisseaux, fait voile vers le Malabar, reçoit un bon accueil à Cochin, à Cananor qui, tributaires du zamorin, ne demandent qu'à secouer le joug, revient avec une riche cargaison, mais déclare au roi qu'il est impossible de commercer en Inde si l'on n'a de quoi mettre à la raison le zamorin et les Arabes. Emmanuel n'hésite point à décréter des mesures vigoureuses. Gama reprend la route de l'Inde avec une flotte; il délivre le roi de Cochin, Trimoumpara, que le zamorin a chassé de sa capitale pendant l'absence des Portugais; il bombarde

Calicut vingt-quatre heures, il s'empare des vaisseaux arabes qu'il trouve dans le port pleins d'or, de perles, de pierreries, de riches tissus, et regagne en hâte Lisbonne. Les deux *Albuquerque* qui viennent ensuite ont encore de petits avantages sur les flottilles des Arabes, et reçoivent de Trimoumpara l'autorisation de bâtir un fort de bois, le fort de Saint-Jacques, puis laissent pour le garder, tandis qu'ils volent en Europe, Pacheco et cinquante hommes. Ce valeureux capitaine, pendant cinq mois et derrière de faibles murs, tient tête à toute l'armée du zamorin (50,000 hommes peut-être), et finit par saisir l'offensive, délivrer Cochin et mettre en pleine déroute les faibles débris de l'ennemi. Le zamorin, au désespoir, abdique et se cache dans une pagode (1503). *D'Alvaranha*, qui vient au secours avec treize vaisseaux, le trouve vainqueur et achève la ruine de l'Etat de Calicut. — Désormais les Portugais ne se bornent plus à commercer, ils asseoient leur domination, ils assujettissent des princes : un *vice-roi* gouvernera l'empire portugais aux Indes. *Alméida*, qui porte ce titre, fait des rois de *Quiloa*, de *Mombaza* des tributaires, soumet des radjahs hindous, protége les uns, bat les autres. *Laurent*, son fils, défait sur mer le zamorin qui a quitté sa retraite : il découvre *Ceilan*. Mais, bientôt en présence de la ligue formée par la jalousie de Venise entre l'Egyptien *Kansou-al-Gaouri*, le zamorin, *Melik Jaz*, sultan de *Diu*, surpris par deux flottes coalisées, il ne fuit pas quoiqu'il le puisse : il meurt à la bataille navale de *Chaoul* (1508). Alméida le vengea en ruinant *Daboul*, en battant les flottes hindoues et égyptiennes. Mais tout à coup il apprend qu'Emmanuel fait Albuquerque vice-roi : en vain il résiste à cet ordre et enferme son heureux rival; bientôt *Cotinho* et une flotte, en arrivant, le réduisent à se soumettre, il quitte l'Inde, et meurt en route tué à la *baie de Saldanha*. — *Albuquerque* fut le plus illustre vice-roi des Indes. La cour, toujours défiante, voulait le remplacer par *Cotinho*; et *Siguecira* en même temps, avec une autre flotte, devait être indépendant du vice-roi. Cotinho périt au siége de Calicut, où Albuquerque le suivit comme volontaire pour l'empêcher de commettre trop de fautes. *Siguecira*, en se ruant sur la presqu'île de Malaca, se fit repousser honteusement. Les succès d'Albuquerque faisaient contraste. Il s'emparait du commerce de la mer Rouge, emportait *Goa* défendu par 9,000 hommes, et en faisait la capitale du Portugal asiatique, réussissait à prendre la forte *Maloua* qu'il fortifiait encore mieux, soutenait avec bonheur la terrible guerre de partisans qu'on lui faisait aux environs, et recevait les députations des rois de Siam, de *Java* et de *Sumatra*. Puis, d'une main, il atteignait les Moluques, ce fertile archipel, et établissait sa suzeraineté sur un roi des *Maldives*, de l'autre il frappait à coups pressés sur *Ormus*, îlot stérile et la clef du golfe Persique et le centre du commerce des Perses. Deux fois attaqué en vain, Ormus enfin tombait sous la diplomatie et les armes d'Albuquerque, qui avait juré de ne laisser couper sa barbe que maître d'Ormus. En même temps il élevait des forts; les stations, les points de relâche s'échelonnaient sur tout le trajet du cap à l'Inde. Il tenait les Hindous en admiration par sa magnificence orientale et en respect par sa bravoure et son génie; il donnait aux villes soumises et à ses Portugais des règlements sages, une bonne police. Emmanuel eut le tort de s'offusquer de la supériorité de son grand général, il le destitua. Albuquerque, âgé déjà et maladif, survécut peu à sa disgrâce, et mourut, en 1515, à *Goa*. — D'Alvaranha, son successeur, ne le valait point; mais telle était l'impulsion donnée par Albuquerque, qu'il eut des succès jusque dans les expéditions aux côtes de Perse, en Arabie, dans la mer Rouge (1516 et 17), et qu'en 1518, il tenait tributaire le roi de Colombo. Sous Siguéira qui vint ensuite, commencèrent les voyages de la Chine. — En Europe, ou près de l'Europe les événements étaient moins graves. Emmanuel, cousin et non fils de Jean II, qui, ayant perdu ses fils légitimes, avait voulu transmettre sa couronne à *Georges* son fils naturel, n'en témoignait nul ressentiment à ce compétiteur. Il rappela les Bragances exilés et leur rendit leurs biens. Un peu trop chevaleresque peut-être, il crut devoir combattre les Maures, et leur prit Safia, Azamor, Almédin (1507 et 13). Mais sa tolérance, sa sagesse étaient extrêmes : il affranchit les juifs réduits à l'esclavage sous Jean II, et il écrivit à l'électeur *Frédéric le Sage* de Saxe de se défier de *Luther*. Le Portugal lui dut un nouveau code. Sa mémoire est chère encore aux Portugais. De ses trois femmes, deux sont remarquables. L'une *Isabelle*, fille aînée d'*Isabelle la Grande*, veuve des fils de son prédécesseur, lui donna un fils qui, s'il ne fût mort, aurait hérité de la Castille, de l'Aragon, du Portugal. L'autre était sœur de la première, mais n'apportait pas les mêmes chances; une sœur intermédiaire, *Jeanne la Folle*, avait donné le jour à *Charles-Quint*.

1521-1557. Jean III ne sut ni modérer la tendance trop exclusive des Portugais à s'enrichir rapidement par le commerce et les exactions, ni restreindre au moins les abus révoltants dont tous ses sujets se rendaient coupables aux Indes. Il ne songea qu'à deux points : limiter en temps la puissance des vice-rois, qu'il changeait de trois en trois ans, et convertir les infidèles. Plein de cette idée, il laissa les *jésuites* prendre sur lui un ascendant sans bornes : cet ordre acquit dans ses Etats plus de 1,200,000 écus de rente, et, affilié secrètement à la société, il voulut qu'une statue le représentât en habit de jésuite. Aussi, sous lui, la décadence commença, quoique peu sensible. Le complet monopole qu'exerçaient les Portugais en Europe, les priviléges qu'ils s'attribuaient en Asie, tantôt en forçant tout trafiquant asiatique qui voulait se rendre aux côtes du golfe Persique, de prendre un chargement à Ormus, tantôt par d'autres vexations, eussent dû les enrichir; mais leur rapacité, leur cruauté, leur morgue, jointes aux prodigalités, au faste, creusaient sous eux un abîme; Ormus, Ternate se révoltèrent, et la répression fut horrible. En 1526, *Mascarenhas* et *Sampayo* se disputèrent le pouvoir, et furent près d'en venir aux mains; *Nunho d'Acunha*, ambitieux et cruel autant qu'actif et désintéressé, brûla beaucoup de villes aux Hindous, et prit Diu, mais fit détester la domination portugaise (1528-1537) *Silveira*, bloqué dans Diu par une innombrable armée, y soutint un siége héroïque (1537) et n'en fut pas moins calomnié à Lisbonne, puis jeté à fond de cale, chargé de fers. Don *Juan de Castro*, rude militaire venant après des *Noronha*, des *Gama*, des *Souza*, était réduit à soutenir un deuxième siége de Diu, à mettre sa moustache en gage pour trouver des fonds chez les usuriers; puis, vainqueur, il rentrait à Goa dans l'attirail des triomphateurs de Rome païenne: singulier contraste avec les tentatives de conversion des jésuites. Après Castro, tout languit; et il faut aller de 1548 à 1568, il faut passer à un autre règne pour trouver un grand nom, celui d'*Ataïde*. Du reste, on poussait toujours au nord-est ou au nord: la Chine aperçue à la fin du règne précédent, devint l'objet de relations fréquentes; et, bien que vus d'abord avec méfiance, les Portugais, après avoir détruit les *pirates de Macao*, furent autorisés à séjourner dans cette ville. De là, en 1542, ils s'arrêtèrent au *Japon*, où ils furent reçus à bras ouverts, et où ils firent longtemps un commerce éminemment lucratif. Mais déjà l'Espagne commençait une concurrence dans l'Océanie. Les vaisseaux de *Magellan*, né Portugais, mais qui servait l'Espagne, avaient touché, toujours cinglant vers l'ouest, aux *Moluques* (1521), et y avaient trouvé les Portugais qui en exploitaient le commerce en silence. A qui devaient appartenir les Moluques? Il est clair aujourd'hui qu'il fallait prolonger de l'autre côté du globe la ligne de Tordésillas, et ensuite que les Moluques, situées par 121° de longitude est étaient aux Portugais. Mais à cette époque rien n'était moins clair : les Portugais eux-mêmes n'étaient pas sûrs d'avoir raison. Les deux puissances s'arrangèrent donc, et le *traité de Saragosse* laissa les Moluques aux Portugais, et traça une prolongation de la ligne de Tordésillas (1529). Renonçant aux Moluques, les Espagnols s'établirent aux Philippines, et c'est de là qu'ils leur firent concurrence. — Comparé à l'Inde, le Brésil était presque négligé : cependant il prenait peu à peu de l'importance. On n'y avait d'abord établi que des exilés. En 1525 il y vint des colons, et on en encouragea la venue par des concessions de terrain à chaque famille. En 1553 la frontière brésilienne s'étendit jusqu'à la Plata.

1557–1578. Sébastien, petit-fils de Jean III, était mineur. Son oncle, le cardinal Henri, régent, lui donna pour instituteurs des jésuites qui lui inculquèrent des idées de vertu et de piété, mais en y ajoutant les idées les plus fausses, et en oubliant de l'appliquer aux travaux d'un roi. Formé par eux, Sébastien ne songeait qu'à guerroyer contre les musulmans et les Maures. A peine majeur (1568), il voulait marcher en personne à la conquête de l'Inde. On ne le dissuada de ce projet qu'en lui montrant plus près de lui l'Afrique (1574). Deux princes alors se disputaient la royauté de Maroc, Muley-Molouk, en possession actuelle du trône, et Muley-Mahmet, expulsé. Sébastien résolut de soutenir le deuxième, et se mit à faire d'immenses et ruineux préparatifs. Il essaya d'engager le roi d'Espagne, Philippe II, à prendre part à l'armement. Aussi dévot, mais plus prudent, Philippe promit peu, fit encore moins, et lui donna le bon conseil de rester dans ses Etats : c'était assez d'avoir ses possessions de l'Inde à défendre. Une rébellion générale avait éclaté en 1583, et mis le vice-roi Ataïde dans un grand péril. Pour faire face à l'orage et pour vaincre, il avait fallu toute son intrépidité. Sébastien n'en partit pas moins à la tête de seize mille hommes. L'Etat, le clergé, et, à leur exemple, les nobles qui couraient à l'expédition comme à une fête, s'étaient ruinés pour aider le souverain. Des évêques, des dames suivaient dans tout l'appareil du luxe (juin 1578). Toute cette pompe ne servit qu'à augmenter le désastre : débarquement confus, manque d'eau, route périlleuse à travers des passages arides, tel fut le début; puis l'on rencontra Muley-Molouk barrant le chemin avec 40,000 hommes au bord de l'Elmahacen près d'Alcacerquivir. Les Portugais, harassés, plièrent devant la furie des Berbers. Sébastien, après des prodiges de valeur, tomba blessé ou mort. Les musulmans prétendirent avoir retrouvé son corps; mais ce fut longtemps et c'est encore une question de savoir si réellement le roi périt. Ce qu'il y a de certain, c'est que Muley-Molouk mourut dès le commencement de la bataille, en recommandant de cacher sa mort, et que Muley-Mahmet II se noya en fuyant. Presque tous les Portugais furent tués ou pris.

1578-80. Henri (le cardinal) devint roi, car Sébastien ne s'était même pas marié. Vieux, valétudinaire, inepte, il n'avait rien de ce qu'il fallait dans une crise si fâcheuse. Qui lui succéderait? Telle était la grande question du moment. Cinq prétendants surtout parlaient de leurs droits : *Antoine* prieur *de Crato,* fils naturel de Louis de Béja, 2e fils d'Emmanuel; *Rainier Farnèse*, duc de Parme; la duchesse *Catherine de Bragance; Philippe II,* roi d'Espagne; le duc de Savoie *Emmanuel Philibert*. Tous trois issus de la maison d'Aviz par les femmes, ces trois étrangers étaient exclus par la loi de Lamégo. Restaient Crato et Catherine : sans l'illégitimité de sa naissance, Crato eût dû être reconnu; aussi soutint-il que sa mère avait été mariée secrètement à Louis de Beja. Quant à Catherine, fille d'Edouard, frère de Beja, elle était évidemment l'héritière véritable. Henri établit un tribunal chargé de prononcer entre les contestants; les juges penchaient évidemment pour un des deux, les jésuites et le roi leur étaient très-opposés. Pour empêcher la décision, le dernier usa d'un coup d'Etat: il convoqua les trois ordres des cortès séparément, et leur déclara qu'il allait nommer Philippe. Mais une forte opposition surgit de la part des villes, et elle n'était pas levée quand Henri mourut.

§ 10. Période de la domination espagnole : 3 rois, 60 ans.

1580-98. PHILIPPE Ier (II comme roi d'Espagne) ne daigna point observer la moindre forme pour arriver à la couronne de Portugal. Leurrant les cinq régents qui composaient le gouvernement provisoire, bravant les cortès, il notifia aux députés des premiers que, convaincu de son droit, il ne voulait ni juges ni sentences, et voulut bien faire quelques belles promesses qu'il ne devait pas tenir; puis il envoya des troupes et une flotte pour hâter l'obéissance. Crato, proclamé à Santarem, avait pour lui Lisbonne et toutes les provinces au nord du Tage; les deux échecs d'Alcantara, de la Rifansa et la prise de Lisbonne le laissèrent sans ressource; il s'enfuit. En 1582, Catherine de Médicis, qui, elle aussi, avait eu des prétentions à la couronne de Portugal, arma en faveur de Crato. Sa flotte fut battue près de Saint-Michel, par Sainte-Croix et Bodadilla, et le grand général Strozzi y fut jeté à la mer. Elisabeth agit aussi en sa faveur en 1589, et une flotte anglaise devait débarquer trente mille hommes en Portugal pour l'appuyer; mais personne ne bougea, et l'expédition fut sans résultat. Il faut dire que Philippe, tout en comprimant les Portugais, gardait des mesures avec eux, ne violait que graduellement et séparément leurs priviléges, et parfois les visitait et affectait de la popularité. Un vice-roi menait les affaires et avait sous lui un conseil : un autre conseil, dit *conseil de Portugal,* siégeait à Madrid. De 1583 à 1595, le vice-roi fut Albert d'Autriche, fils de son cousin Maximilien II. A trois fois différentes, on vit des imposteurs se donner pour le roi Sébastien, miraculeusement échappé d'Alcaçarquivir.

1598-1623. Sous PHILIPPE II (III d'Espagne), parut un quatrième faux Sébastien, celui de tous dont les aventures prêtent le plus à l'illusion. Il se produisit à Venise, passa en Toscane, et fut livré au vice-roi de Naples. Là il entretint ce seigneur de deux ambassades qu'il avait remplies à Lisbonne, d'épées et de bagues qu'il lui avait données, reconnut ces objets parmi cent autres qu'on étalait : il y a plus, la bague avait un secret, nul ne s'en doutait, il l'ouvrit. Il n'en fut que plus vite envoyé en Espagne, et l'on ne sait quel fut son sort. Les Portugais pourtant s'étaient beaucoup intéressés à lui. Leur froideur pour le gouvernement espagnol devenait de la haine. Le ministre de Philippe III (Lerme) était le plus nul des ministres. Le Portugal était une mine, une proie abandonnée aux Espagnols. Les indigènes ne remplissaient que des postes subalternes et peu nombreux. L'or, l'argent étaient portés en Espagne. Les impôts grossissaient sans qu'on élevât un monument. Les colonies dépérissaient par leurs vices et par les fautes du gouvernement; la marine languissait; la Hollande, mise sur la voie du commerce de l'Inde par *Houtman*, suivait cette carrière nouvelle avec transport, et, quoique venue en second, rivalisait partout avec le Portugal. En guerre avec l'Espagne, d'ailleurs, elle se trouvait dès lors en guerre avec un royaume province espagnole. Dès 1601, une flotte hollandaise, moindre en force, avait défait *Mendoza*, aux environs de Java. En 1609, on excepta de la trève d'Anvers les pays situés au delà de la ligne : c'était presque abandonner l'Inde portugaise à l'ambition de la république naissante.

1623-65. PHILIPPE III (IV en Espagne), suivit le système de son père et l'exagéra. Sous ce règne, le Portugal perdit Ormus, que prirent *Chah-Abbas* et les Anglais (1623); les provinces brésiliennes de Rio-Grande, de Parayba, de Tamarica, de Pernambuco, de Sergippe, de Siara, de Maragnon (1636), que conquirent les Hollandais; les forts de Saint-Georges de la Mine et de Saint-Paul de Loando qui protégeaient les établissements portugais en Guinée et au Congo, et enfin le commerce du Japon (1637 et 38). Une conspiration contre le *seogoun* ou empereur séculier de ce pays, puis une révolte à main armée furent les occasions de l'expulsion des Portugais, que la malignité des négociants hollandais fit passer pour les instigateurs de tous ces désordres : comme les Japonais catholiques en avaient surtout été coupables, sans doute par suite de l'oppression exercée sur eux, on les crut facilement. Le cabinet de Madrid riait de ces pertes; l'arbitraire, la partialité, le gaspillage, les dénis de justice désolaient le Portugal; les grands étaient à peu près obligés à se rendre les uns ou les autres successivement en Castille, où, en fait, c'était autant d'otages; l'artillerie, les vaisseaux et une partie des armes étaient transférés en Espagne.

§ 11. Conspiration de Pinto, rétablissement d'une dynastie nationale, 1640.

De tous les grands seigneurs portugais, le plus suspect à la cour de Madrid c'était le duc de Bragance, *Jean*, petit-fils de la duchesse Catherine qui, en 1580, balançait avec Crato les suffrages du tribunal de Henri. Ce n'est pas que Jean fût ambitieux ou eût de grands talents; il aimait le repos et une opulente obscurité. Mais il portait un grand nom; il était immensément riche, et la duchesse, sa femme, avait l'énergie dont il manquait. Olivarez résolut donc de le tirer du Portugal; rien n'y réussit, pas même l'offre de la vice-royauté de Milan. Puis on essaya de l'assassiner, sans succès aussi. Enfin, lors de la révolte de la Catalogne, il lui fut enjoint de se mettre à la tête de ses vassaux pour suivre le roi à la guerre contre les rebelles. Il ne pouvait reculer. Alors *Pinto Ribeiro,* son secrétaire, génie adroit, souple et insinuant, imagina de le faire roi malgré lui, et, de concert avec la duchesse, ourdit un complot où s'enrolèrent les noms les plus nobles de l'Espagne, un Almeida, trois Almada, trois Da Cunha, des Noronhas, des Silva, des Meneses. Le duc obtint de Madrid des délais, et, comme il disait ne point être en argent comptant, 40,000 ducats pour frais de voyage. Les mouvements nécessaires pour réunir ses vassaux, masquèrent ceux des conjurés. Pinto, l'âme du complot, était partout, suffit à tout, et prit toutes les mesures avec une justesse merveilleuse. Le 1er décembre 1640, à huit heures, les conjurés, rangés en quatre bandes, se mirent en marche. La garde allemande se soumit à d'Almeida; Mello, suivi du peuple de Lisbonne força la garde castillane à se rendre; d'Almada s'empara de la personne de la régente Marguerite de Mantoue. Pinto, qui s'était réservé la tâche la plus ardue, pénétra chez le secrétaire d'Etat Vasconcelos, à juste titre odieux à tout le Portugal, comme le moteur des mesures oppressives et ruineuses, le découvrit au fond d'une armoire, et le fit ou le laissa tuer. L'hôtel de ville ouvrit ses portes; le commandant du fort Saint-Georges, qui domine la ville, livra les clefs; on s'empara de deux vaisseaux du port; un gouvernement provisoire de quatre membres (Almeida, Almada, Cantanhede et l'archevêque de Lisbonne) s'installa, et invita le duc de Bragance à se rendre à Lisbonne. L'exemple de la capitale fut suivi par toutes les autres villes; et dans les places de l'Alemtejo un mouvement de même nature avait éclaté le même jour. Le 6 décembre, le duc débarquait à Aldea Gallega : le 15, il était couronné sous le nom de *Jean IV;* et sauf Ceuta, où les Espagnols se maintinrent, toutes les colonies et possessions portugaises en Asie, en Afrique, en Amérique, le reconnurent à l'envi.

§ 12. Commencement de la maison de Bragance : Jean IV et ses deux fils, 1640-1706.

1640-1655. Jean IV débuta par convoquer les cortès qui le déclarèrent solennellement roi légitime de Portugal, et s'occupèrent des moyens de faire face aux difficultés qu'on prévoyait (1641). Une des premières fut la répression des mécontents de l'intérieur, car les Espagnols, quoique en général haïs, avaient un parti : l'archevêque de Braga en était le chef. Ce prélat ambitieux qui, avec Vasconcelos, avait mené le gouvernement de la régente, regrettait amèrement le pouvoir. Il ourdit une conspiration que devaient favoriser divers nobles, qui tous, le même jour, avaient émigré en Castille, et les juifs dont on promettait de tolérer le culte public : Villaréal, Caminhane, Armanar et le grand inquisiteur Mendoce de Val de Reys l'y assistèrent. Une imprudence, une lettre de Mendoce à Olivarez, fit tout découvrir. L'archevêque fut condamné à une prison perpétuelle, dans laquelle il mourut en 1644; Mendoce finit par rentrer en grâce ; les trois autres eurent la tête tranchée. Ensuite vint la guerre avec l'Espagne. Dans cette lutte le Portugal eut trois alliées, la France qui, régie par Richelieu, n'était pas étrangère à la révolution de 1640, la Hollande, enfin la Suède ; mais elle n'en tira qu'un faible secours, et la Hollande même lui fut hostile hors de l'Europe : en train de prendre les colonies portugaises, elle ne traitait qu'à contre-cœur et stipulait des délais à l'aide desquels elle conquérait à la hâte et qu'elle éternisait. L'île Saint-Thomas, Malacca, Punta de Galle, Négumbo tombèrent ainsi en ses mains ; et, une insurrection ayant éclaté au Brésil contre les nouveaux possesseurs (1642, puis 1645), les deux puissances se firent la guerre, par terre et par mer, en Asie et en Amérique, jusqu'après la mort de Jean IV. En général, cette guerre heureuse en Amérique, et qui devait finir par la restitution du Brésil à ses premiers

royaume, si le roi, en y entretenant la paix, eût su y faire fleurir les arts de la paix, y augmenter l'agriculture, la population, y répandre l'industrie, les lumières, et protégé par les Anglais ne point laisser tout envahir, commerce, fabriques, banque et grande navigation, biens-fonds même par les Anglais. Mais tels ne furent pas les soins de Jean V, qui prodigua des sommes énormes aux frais du culte et au clergé, et qui croyait avoir tout fait en obtenant l'érection de l'évêché de Lisbonne en patriarchat, ce qui n'empêcha pas qu'en 1728 il n'entrât en querelle avec le pape pour une affaire des plus futiles. Quelque nul que fût ce prince, il a bien mérité de la littérature en instituant deux célèbres sociétés savantes, l'académie portugaise (1714), et l'académie royale d'histoire (1720). Il laissait deux fils.

1750-1777. JOSEPH Ier, l'aîné, ne fut point non plus un grand roi, mais il eut le mérite ou le bonheur de choisir un ministre remarquable, Carvalho, comte d'Oeyras, et depuis 1770 *marquis de Pombal*. Non pas que Pombal lui-même fût un homme de génie. Pénétré des maux du pays et plein d'idées nouvelles, il n'était point sagement novateur, ne calculait pas assez les obstacles, et tantôt revenait sur ses pas, non sans honte, tantôt ne les brisait que par la violence, l'injustice ou l'hypocrisie. Incrédule, il ne voilait pas même ses principes; avide, il remplit ses coffres en même temps que ceux du roi. Longtemps mal vu de la haute noblesse, il aimait à la froisser, à exercer de petites vengeances. Malgré ses faiblesses et ses témérités pourtant, il fut utile au Portugal, parce qu'il secoua un peu la torpeur léthargique dans laquelle tous s'engourdissaient, et qu'il lui rendit de la considération en Europe. Joseph d'abord avait de la répugnance pour sa personne : il en triompha, et, une fois en crédit, rien ne put le renverser du vivant de son maître. Il commença par restreindre le pouvoir de l'inquisition, en déclarant que ses sentences de mort ne seraient exécutoires qu'avec l'aveu du roi (1751).

Voulant obvier à la disparition du numéraire, il ordonna de solder les marchandises importées en marchandises, et non en argent, décret qu'il fallut supprimer par ordre de l'Angleterre ; il réunit à la couronne diverses possessions portugaises d'Afrique, données sans titres à des familles; il établit une *Compagnie particulière de la Chine* (1754), une *Compagnie du Maragnon* et du Grand-Para (1755), pourvue chacune de larges monopoles, et chacune consistant en lui seul et en des prête-noms. Sur l'entrefaite eut lieu le terrible tremblement de terre qui renversa Lisbonne (1er novembre). Les âmes pieuses y virent une marque de la colère céleste contre l'audacieux ministre. Pombal ne répondit qu'en déployant une vigilance, une activité admirables. Police sévère, secours abondants, encouragements, tout fut mis en œuvre pour atténuer ou réparer la catastrophe. Il réprima surtout sans pitié le vagabondage et le vol, si faciles, si fréquents en cette crise; mais il y eut beaucoup de passion lorsqu'il déclara coupable de lèse-majesté quiconque parlerait mal du gouvernement, c'est-à-dire de lui et des siens. On ne s'arrêta point à des paroles. Il avait créé, en faveur des négociants nationaux, une *Compagnie privilégiée des vins,* à laquelle les propriétaires étaient tenus de vendre leurs vins à un prix fixé, en trouvassent-ils un plus haut ailleurs. C'était un vrai *maximum.* Porto, sans doute à l'instigation de l'Angleterre, se souleva : la révolte fut punie cruellement, et, de désespoir, des propriétaires s'expatrièrent après avoir brûlé leurs vignes. Mais ce qui rendit Pombal l'idole des incrédules, ce fut sa grande mesure à l'égard des jésuites : c'est lui qui, les chassant du Portugal (1759), donna le branle à la coalition qui s'organisa partout contre eux, et qui finit par l'abolition de leur ordre. Les jésuites eussent-ils été les plus coupables des hommes, ils n'eussent pas été spoliés et bannis plus brutalement qu'ils ne le furent. Mais de plus, les reproches allégués contre eux n'étaient qu'un tissu de calomnies. Le Paraguai civilisé et gouverné par les jésuites d'Espagne avait été cédé par le cabinet de Madrid au Portugal en échange de la colonie du Saint-Sacrement (1750), et les vexations portugaises venaient d'y causer une révolte : on l'attribua en l'exagérant aux conseils des jésuites. Le roi, venant la nuit de chez la marquise de Tavora, avait reçu un coup de feu ; on fit grand bruit et grand mystère de l'attentat, qui probablement était une comédie de l'invention de Pombal ; de nobles têtes tombèrent, et l'ordre des jésuites fut impliqué dans le complot. Il est vrai que les jésuites marquaient à Pombal une haine aveugle qu'appuyaient le frère du roi, un fort parti dans la noblesse et la masse du peuple ; mais il eût fallu savoir la mépriser. Au reste, tout ne fut pas fini avec la chute des jésuites : Pombal établit, pour effrayer ses ennemis, un tribunal de l'Inconfidencia, véritable inquisition politique, sévissant contre les suspects. Il eut avec Rome des difficultés qui interrompirent dix ans les bonnes relations entre les deux cours (1760-70). Las de l'antipathie des habitants du Paraguai pour la domination portugaise, il rétrocéda ce pays à l'Espagne (1761). L'année suivante pourtant, il fut en guerre avec cette puissance; mais cinq ans durant (1756-61). malgré l'Angleterre, il avait su se conserver neutre pendant la guerre de sept ans. Enfin l'injonction que lui firent l'Espagne et la France d'être pour ou contre, lui fit prendre les armes : il donna au Portugal une bonne armée (32,000 hommes), répara les forteresses, ressuscita la marine : le comte de Buckebourg se signala comme réorganisateur des forces de terre. Lisbonne doit encore à Pombal un collége royal-noble ; le pays lui dut un nouveau code civil (1769). Il fit aussi beaucoup pour le Brésil, dont il apprécia la valeur : il le coupa en neuf gouvernements, il en émancipa les indigènes, et de son ministère date la prospérité de ce magnifique pays.

§ 14. Suite des Bragances : règne de Marie Ire (1777-1816).

1777-1786. (1re *époque du règne de Marie.*) **Marie Ire et Pierre III.** Marie était la fille, Pierre était le frère de Joseph ; mais l'oncle avait épousé la nièce, et ce mariage confondait leurs droits. Pombal aurait voulu qu'à la mort de Joseph la couronne passât sur la tête du fils aîné de Pierre et de Marie, lequel se serait nommé Joseph II ; mais une ruse de cour fit manquer ce plan, et Pombal tomba quoiqu'une réserve de plus de 240 millions dans les coffres prouvât au moins son talent financier. Bientôt, Marie et Pierre déchaînèrent les passions contre lui, permirent des poursuites qui devaient le ruiner, réhabilitèrent ceux qu'on appelait ses victimes; et, affectant la clémence, l'exilèrent à vingt lieues de la cour (1781). Cette réaction était encore plus l'œuvre du clergé que celle du couple royal et du premier ministre *Ponte de Lima*. On ne tarda point à regretter Pombal, les coffres se vidèrent, et pour subvenir aux prodigalités folles de la cour, le *marquis d'Angeja* émit un papier-monnaie qui fut bientôt discrédité. A l'extérieur on tenta un peu de suivre les errements de Pombal, et d'échapper à l'Angleterre en s'unissant à l'Espagne. Espagne et Portugal devaient devenir comme un seul Etat régi par deux princes. C'est dans cette vue que furent signés le *traité del Pardo,* qui cédait aux Espagnols la colonie si longtemps disputée du St-Sacrement (1773), et l'accession à la fameuse *neutralité armée,* dirigée contre la suprématie des Anglais sur les mers.

1786-1792 (2e *époque du règne de Marie*). **Marie Ire seule.** La mort de Pierre, en 1786, ne changea rien à l'allure du gouvernement, seulement la décadence fut plus rapide, plus manifeste : le désordre devint presque de l'anarchie ; des brigands désolaient impunément le royaume : à la cour les partis se culbutaient. Ponte de Lima d'un côté avec Mello, de l'autre *Ignace de Caëtan,* archevêque de Thessalonique, avec *Pinto,* se disputaient le pouvoir au nom du parti économiste (ou philosophique mitigé) et du clergé. En 1788, Ignace mourut, et les économistes triomphèrent. L'infant Joseph n'était plus : Jean, son puîné, entra au conseil. Marie alors était tombée en mélancolie, en démence, et n'était reine que de nom. Survint alors la révolution française, il fallut une marche plus ferme. L'incapacité de la reine fut déclarée, et Jean VI prit le titre de régent.

1792-1816 (3e *époque du règne de Marie*). MARIE en démence, Jean VI régent. L'administration intérieure devint un peu meilleure; Jean para tant bien que mal, les Anglais aidant, au désordre des finances; mais ce ne fut qu'en s'asservissant davantage à l'Angleterre, en multipliant et concessions et priviléges, en escomptant et obérant l'avenir, enfin en prenant part à la première coalition contre la France. Sa faible flotte se joignit donc à celle de l'Angleterre, mais sans commettre d'hostilités; et en 1796, après la *paix de Bâle*, Jean eut la permission de rentrer dans la neutralité. Mais, après la triomphante *paix de Lunéville* (1801), Bonaparte, premier consul, voulut le faire sortir de cet état équivoque pour arracher à l'Angleterre, soit une province, soit la paix que seule elle refusait à la France. L'Espagne reçut donc ordre d'attaquer le Portugal; et une armée franco-espagnole, sous Godoï, prit Olivença en Alemtejo. Cette démonstration amena deux traités : celui de Badajoz entre l'Espagne et le Portugal (1801), celui d'Amiens entre la France et l'Angleterre (1802). Lisbonne alors devint le théâtre d'intrigues diplomatiques entre les agents des Tuileries et de Saint-James. Un moment Jean promit au maître de la France des subsides (1803); mais, dès 1804, soit inclination, soit peur, il revint au système anglais. Napoléon (c'était alors le nom de Bonaparte) vit avec fureur ce changement qui tenait la Péninsule toujours ouverte à l'ennemi. Il renvoya ses rapaces officiers menacer et flatter à Lisbonne (1805-07), puis par *le traité de Fontainebleau* avec l'Espagne, il résolut le démembrement du Portugal où l'on taillerait un *royaume de Lusitanie* pour le roi d'Etrurie dépossédé, et une petite *principauté des Algarves* pour Godoï (le favori du roi d'Espagne Charles IV) (1807). Ce traité inique couvrait une déloyauté plus grande encore. Ce faible Charles IV, complice de la spoliation de son voisin, allait être dépouillé traîtreusement lui-même. La France eût eu toute la Péninsule. La conquête du Portugal n'était qu'un premier pas. L'ex-ambassadeur *Junot* à Salamanque avec ses Franco-Espagnols reçoit un ordre impérieux de tomber comme la foudre sur la capitale du Portugal. Junot traverse le Beira, reçoit sans coup férir les clefs de Lisbonne; mais il manque le but de l'opération, la capture de la famille royale et surtout du prince régent. La famille royale, avec ses trésors, les archives, etc., était à bord de l'escadre anglaise et allait fuir au Brésil : parti peu noble peut-être, mais le seul que l'Angleterre lui permit. Où en eût été l'Angleterre, si Jean, se battant pour son héritage, fût tombé aux mains des Français? Napoléon eût eu raison d'écrire : « La maison de Bragance a cessé de régner. » Transférée au Brésil, et sous la main des Anglais, elle pouvait regagner le Portugal, bien que des généraux de Napoléon en rêvassent déjà la couronne. En effet, Braga, Porto, Chaves et Lisbonne s'insurgeaient à tour de rôle; *Freyre* et les *guérillas* infestaient le nord. Puis Wellington débarqué à la Corogne en Galice, et que rejoignent Auckland, Dalrymple, marche sur l'Estremadure, prend une forte position à Torres Vedras, et menace Lisbonne. Junot essaie, folle témérité, de le débusquer du défilé : le lendemain il capitule à Cintra, et consent à l'évacuation du Portugal, qui dès lors devient la base d'opérations des Anglais comme auxiliaires des Espagnols contre la France. Ainsi 1807 et 8 voyaient se renouveler contre Napoléon, ce qui, en 1707 et 8, se faisait contre Louis XIV!

Aussi, deux fois encore, l'Empereur veut-il avoir ce pays. Mais *Soult*, en 1809, ne put pénétrer que jusqu'à Porto, et, menacé de trois côtés par Silveira, par Wellington, par Beresford, il eut besoin de tout son talent pour faire retraite par Amarante sur Orense. *Masséna, l'enfant chéri de la victoire*, y perdit son nom en 1810, et pourtant il avait 50,000 hommes, Ney le secondait, il vint près de Lisbonne. Mais il ne prenait nulle place importante; son armée vivait de maraude et se fondait à vue d'œil. Wellington, inexpugnable, couvrait Lisbonne. Il fallut revenir péniblement à Salamanque; et quinze jours après, voulant sauver Almeida, il fut défait, par Wellington, à *Fuente de Onoro* (5 mai). Ainsi les Bragances recouvrent le Portugal 4 ans avant la chute de Napoléon; mais la reine n'y revint pas, lors même du congrès de Vienne.

§ 15. **Maison de Bragance de 1816 à 1840.**

1816-1826. Jean VI, roi par la mort de sa mère, resta quatre ans au Brésil, et y fût toujours resté peut-être sans la révolution de 1820. Les Portugais, qui voyaient avec jalousie le Brésil égalisé à la métropole, s'en prenaient à l'Angleterre, qui administrait le Portugal par son ambassadeur *Beresford*. En même temps le libéralisme français gagnait. L'armée de l'île de Léon en Espagne venait de proclamer la constitution des cortès. Autant en fit Porto (24 août 1820). Lisbonne tout en protestant de sa fidélité, organisa un gouvernement provisoire. Tout le Portugal le reconnut, et le Brésil, à cette nouvelle, se déclara constitutionnel (1821). Libéraux et *absolutistes*, partisans de la constitution pure des cortès et amis de cet acte mitigé, anglicans et patriotes se trouvèrent dès lors en présence; et, bizarre circonstance, les Anglais, constitutionnels chez eux et soutiens habituels des constitutions, étaient justement ceux contre qui s'était monté l'esprit constitutionnel. Beresford était parti de Lisbonne. L'Angleterre permit ou prescrivit à Jean VI de revenir en Portugal

(1821). Il trouva les cortès réunies, laissa voter la constitution peu modifiée (1822), la jura, et probablement voulait s'y tenir. Mais les absolutistes y répugnaient, aidés de la reine Charlotte-Joachine d'Espagne avec Amarante et avec son second fils don Miguel (l'aîné, don Pedro, était au Brésil). Trois tentatives se succédèrent contre le nouvel ordre de choses; la 1re par don Miguel (1822), ne fut qu'un complot tendant à détrôner le roi; la 2e, par Amarante, consistait à faire venir en Portugal l'armée française qui venait de remettre Ferdinand au pouvoir (1823), et manqua par le *veto* de l'Angleterre jalouse de nous; la 3e, encore par don Miguel, fut une révolte complète, mais n'aboutit qu'à l'exil du prince. Un 4e mouvement réussit, probablement par suite d'accord secret entre l'Angleterre et la France; la constitution fut mise au néant; la reine reprit son crédit. Puis tout à coup, toujours en 1823, une constitution nouvelle, plus douce, surgit, et, admise par Beresford, l'est aussi par Jean. L'Angleterre a ressaisi sa prépondérance, elle ne la perd plus, bien qu'en 1824, don Miguel, avec *Pamplona* et *Verissimo*, soit près de faire prisonnier ou de tuer son père, qui, grâce au Français Hyde de Neuville, se sauve à bord d'un navire anglais; bien qu'après la retraite de leur prince chéri à Vienne, les *miguélistes* conspirent encore à Lisbonne; bien que la vente des biens de l'inquisition et de beaucoup de couvents irrite le clergé. Cependant le Brésil, qui ne veut plus redevenir province, a proclamé son indépendance et choisi, pour empereur constitutionnel, don Pedro ou Pierre Ier (1822) : encore un coup ourdi par l'Angleterre, qui aime mieux voir le Portugal et le Brésil séparés qu'unis! Jean approuve (1825) et meurt l'an d'après.

1833. *Anarchie*. La fille de Jean, Marie-Isabelle, est régente en l'absence de don Pedro (Pierre Ier au Brésil, PIERRE IV en Portugal), qui semble devoir réunir les deux sceptres en sa main. Mais ainsi ne l'entend pas l'Angleterre; et, en conséquence, Pierre abdique en faveur de sa fille *dona Maria da Gloria*, ou MARIE II, âgée de sept ans, qui doit plus tard épouser son oncle Miguel : en même temps il envoie une *Charte* qui corrige plusieurs défauts des constitutions. Marie-Isabelle demeure régente et ouvre les cortès. Mais les troubles civils continuent. D'abord c'est *Chaves*, puis Chaves et *Silveira*, qui deux fois en 1826 proclament don Miguel *roi absolu* : l'Anglais *Clinton* débarque, Chaves est battu à *Coruches*, l'Espagne lui sert de refuge. En 1827, la régente lasse de Beresford qu'elle a été forcée de nommer général en chef, prend pour ministre *Saldanka*. L'Angleterre, que dirige *Wellington*, ne veut plus de la régente : Pierre notifie que son abdication n'est que conditionnelle jusqu'à l'exécution de sa charte ; Palmella est ministre, Miguel régent ; la reine-mère marche avec Beresford. Puis Chaves reprend les armes (1828) : Miguel n'a garde de l'arrêter ; il renvoie Villareal, son ministre constitutionnel, convoque au lieu des cortès nouvelles, celles de Lamégo suivant les formes anciennes, et reçoit le titre de roi. La garnison de Porto se soulève contre l'usurpateur MIGUEL ; il triomphe de cette opposition, reste maître du Portugal, persécute les libéraux, et déclare qu'il n'épousera pas sa nièce. Celle-ci est à Londres, où on la traite en reine ; *Terceira*, une des Açores, lui est fidèle, et l'Europe n'a pas reconnu son oncle. Deux ans se passent sans grands événements. A l'intérieur Miguel, docile à sa mère, répand le sang pour imprimer la terreur, mais finit par se brouiller avec cette princesse qui meurt en 1830 ; à l'extérieur, il attaque en vain Terceira, où Pierre, en 1830, établit une *régence* sous Palmella. Mais en 1831 la fortune change peu à peu ; la révolution de 1830 en est la cause. L'Angleterre et la France punissent, par l'enlèvement de nombreux navires, les injures de Miguel. Toutes les Açores sont conquises pour dona Maria. Pierre, dont les *Brésiliens* ont exigé l'abdication en faveur de *Pierre II* son fils, lève, pour rétablir sa fille, une armée expéditionnaire qui, en

1832, prend Porto et y proclame Marie, mais qui bientôt s'y voit bloquée étroitement par les *Miguélistes*. Heureusement Miguel est battu par terre et par mer devant la ville, et quand il revient, l'amiral *Sartorius* défait encore sa flotte. Mais, par terre, les Miguélistes reprennent l'avantage, et Pierre n'a plus d'espoir, quand surviennent, avec Palmella, des renforts anglais, français, en hommes, en argent, en vaisseaux (1833). Porto est délivré; Lisbonne, où éclate le choléra, se révolte et ouvre ses portes à Pierre; *Napier*, qui remplace Sartorius, capture la flotte miguéliste au *Cap St-Vincent*, *Bourmont* assiége en vain Lisbonne, où Pierre est régent et dont le repousse Saldanha.

1833. Marie II entre à Lisbonne, laisse la régence à son père, proclame sa charte et triomphe lentement des miguélistes, 1834 : la chute de *Zéa* en Espagne, la *quadruple alliance* (avec l'Espagne, l'Angleterre et la France), la *victoire d'Ericeira* décident leur ruine; les plus opiniâtres émigrent ou posent les armes. Mais Pierre meurt, 1834; la jeune reine, veuve d'*Auguste de Leuchtenberg*, 1835, et qui épouse *Ferdinand de Saxe-Cobourg-Gotha*, voit les nationaux jalouser un mari étranger, surtout depuis qu'un ministère de cour l'a nommé maréchal général contrairement au vœu des cortès qui lui refusaient le commandement de l'armée. La cour a contre elle les *Miguélistes* qui reparaissent, les *exaltés* ou démagogues qui réclament la *constitution de* 1822 (1837) : partout l'insurrection qu'en vain improuve et quelquefois combat l'Angleterre; on attente aux jours du prince; Saldanha, disgracié, lève l'étendard de la révolte et impose une *constitution presque démocratique*. Marie est comme captive de ses ministres. Consumant ses forces contre lui-même, le Portugal n'en a plus pour repousser les avanies des Anglais sur les côtes de Loando (1840); Lisbonne est sans cesse en révolte ou à la veille d'une révolte.

FIN.

EXTRAIT DU CATALOGUE
DE LA LIBRAIRIE DE L. HACHETTE.

Physique et Chimie.

Notions élémentaires de physique, par M. A. Meissas. 1 vol. in-18. Prix, br. 1 fr. 25 c.

Notions les plus essentielles sur la physique, la chimie et les machines, par M. Binet Sainte-Preuve. 1 vol. grand in-18. Prix, br. 2 fr. 25 c.

Notions élémentaires de chimie, par M. A. Meissas. 1 vol. in-18. Prix, br. 1 fr. 25 c.

Histoire naturelle; Agriculture.

Cours élémentaire d'agriculture et d'économie rurale, par M. Raspail. 1 fort vol. in-18. Prix. 3 fr. 75 c.

Notions élémentaires d'histoire naturelle, par M. Delafosse, maître de conférences à l'Ecole normale. 3 vol. in-18 (*Minéralogie —Botanique —Zoologie*). Pr., br. 3 fr. 75 c.

Précis d'histoire naturelle, par le même. 2 vol. in-12 avec 48 planches (*Minéralogie. — Botanique et Zoologie*). Prix, br. 8 fr.

Notions de droit; Tenue des actes de l'état civil.

Guide et formulaire pour la rédaction des actes de l'état civil et des procès-verbaux, certificats, déclarations et actes divers, par M. A. Grün, avocat à la cour royale de Paris. 1 vol. grand in-18. Prix. 1 fr. 50 c.

Notions élémentaires de droit français, par le même auteur. 1 vol. in-18. Prix, br. 1 fr. 50 c.

www.ingramcontent.com/pod-product-compliance
Ingram Content Group UK Ltd.
Pitfield, Milton Keynes, MK11 3LW, UK
UKHW021229230726
13926UKWH00003B/1339